中公新書 2745

海野 敏著

バレエの世界史

美を追求する舞踊の600年

中央公論新社刊

まえがき

　バレエには、他のダンスにはない力が備わっている。バレエダンサーの動きは、私にとってどこか特別に美しい。それぞれのポーズ、一つひとつのステップが、長い歴史に培われた身体技法に裏打ちされており、ある特殊な美意識が貫徹している。例えば片脚立ちで回転を連続させる四肢の配置に、両腕が空中に描く螺旋《らせん》形の軌跡に、爪先の伸びた足の甲の丸いアーチに、他のダンスとは異なるバレエの「美」が宿っている。

　この特殊な美しさは、バレエというダンスが「身体の近代化」を突き詰めた先に成立したことに由来しているのではないか。バレエの「美」は、世界史における近代化の、舞踊芸術における理念的な形象なのだと思う。バレエは、西欧近代社会の原理に裏打ちされた歴史の産物だ。本書はこのような問題意識を出発点として、バレエ史を通覧する。

　本書の目的は、バレエの歴史を世界史の流れに沿って描くことにある。一般の読者を想定し、バレエ史の細部に立ち入り過ぎることなく、約六百年にわたる変遷を一気に読み通して展望できるように心がけた。また、一般によく知られている歴史上の人物や、中学・高校で習う世界史に登場する有名な事件と、バレエとの関わりを説明するように努めた。例えば、レオナルド・ダ・ヴィンチ、ルネ・デカルト、ジャン＝ジャック・ルソー、マリー・アントワネット、ハンス・クリスチャン・アンデルセン、メイナード・ケインズなどとバレエとの関わりを紹介し、イタリア・ルネサンス、サンバルテルミの虐殺、ブルボン王朝の絶対王政、十八世紀末のフランス革命、二十世紀初頭のロシア革命など、世界史の事件がバレエ史にどのような影響を与えたのかを説明する。

本書の構成は次の通りである。

序章では、本書が対象とする「バレエ」とはどのようなダンスかを簡単に定義し、およそ六百年のバレエの歴史の見取り図を示す。続く十の章では、六百年の歴史を世紀で区切り、地域を限定して時間軸に沿って話を進める。

第1章は十五世紀のイタリア、第2章は十六世紀のフランスが舞台となる。これらの国でバレエの萌芽《ほうが》的形態、すなわち「前バレエ」が出現した。第3章では、十七世紀、バロック期のフランスにおける「宮廷バレエ」を紹介する。第4・5章では、十八世紀、ロココ期のフランスでバレエがオペラから独立したことと、それに伴ってバレエの芸術的表現を巡る改革が行われたことを説明する。

十八世紀、英国で産業革命が始まり、米仏で市民革命が勃発する。この二重の革命を経て、十九世紀の世界は「近代化」の道を進んだ。第6章では、十九世紀前半の西欧で流行した「ロマンティック・バレエ」において、バレエが、いま多くの人がイメージしている姿を手に入れたことを説明する。第7章では、十九世紀後半のロシアで、いわゆる「クラシック・バレエ」が完成した経緯を述べる。

第8・9章は、二十世紀のバレエ史である。第8章が二十世紀前半、およそ第二次世界大戦終結（一九四五年）までで、「バレエ・リュス」という巡業バレエ団が世界のアートシーンに与えた衝撃について述べる。第9章は戦後から世紀末までを範囲とし、バレエが芸術的表現をさらに深化・高度化させ、同時に国際化・大衆化を達成したことを説明する。そして第10章では二十一世紀序盤のバレエ界について、終章ではバレエの特殊な美しさを支えている原理について、それぞれ簡潔に解説する。

本書をきっかけとして、まだバレエを見たことのない方には、バレエに興味を持ち、劇場へ足を運んで生の舞台の迫力を味わっていただきたい。すでにバレエを見て楽しんでいる方、バレエを学んでいる方には、世界史を通してバレエに思いを馳《は》せるという、もう一つのバレエの楽しみ方を知っていただければ幸いである。

目次

凡例

・バレエ・ダンス作品とバレエが組み込まれたオペラ作品（オペラ・バレエを含む）のタイトルは《　》で示し、書籍、絵画、音楽、文学、演劇、映画などのタイトルは『　』で示した。

・バレエ団の名称は、「ニューヨーク・シティ・バレエ」、「パリ・オペラ座バレエ」のように、日本語訳で「～バレエ」と表記されることも多いが、本書ではすべて「～バレエ団」に統一して表記した。

・バレエ団の芸術的指導者の呼称は、時代・地域によってさまざまであるが、本書では、十九世紀までのバレエ団には「バレエマスター」を用い、二十世紀以降は「芸術監督」を用いた。

・バレエやオペラが上演される劇場は、「歌劇場」、「オペラ劇場」、「オペラ座」、「オペラハウス」などの訳語があるが、本書では特に統一していない。「王立歌劇場」と「ロイヤル・オペラハウス」の訳語も統一せずに併用した。

・主要なバレエダンサー、バレエ振付家については、初出の箇所に姓名のローマ字表記と生没年を丸括弧に入れて示した。

・バレエに関するカタカナ表記の専門用語は、日本のバレエ界で一般的に使用されているものを用いた。原語は、フランス語と英語が混在している。例えば「パ・ド・ドゥ」（二人の踊り）の原語はフランス語、「ヴァリエーション」（ソロの踊り）の原語は英語である。

序章　バレエとは何か

バレエの定義

日本で「バレエ」と言えば、トウシューズという特殊な靴を履いて爪先立ちで踊るイメージや、薄い布を何枚も重ねたチュチュと呼ばれるスカートで踊るイメージが強い。あるいは《白鳥の湖》や《くるみ割り人形》などが代表作として思い浮かぶだろう。これらはいずれも「クラシック・バレエ」の特徴である。日本で「バレエ」は、およそ「クラシック・バレエ」のことを指している。

一方、ヨーロッパでの「バレエ」は、いわゆる「クラシック・バレエ」よりも意味範囲が広い。クラシック・バレエとは異なる民族舞踊やコンテンポラリーダンスを中心に上演する舞踊団も、団体名に「バレエ」を使うことは珍しくない。ヨーロッパ言語の「バレエ」は、「芸術的舞踊」の意味合いが強い。

本書ではバレエを、日本の「バレエ」よりも広く、ヨーロッパの「バレエ」より狭く定義する。本書のバレエの定義は、「西欧で確立したダンス・デコールと呼ばれる舞踊技法を軸とする芸術志向の強いダンス」である。「ダンス・デコール」とは、フランス語で「学校の舞踊」ないし「古典学派の舞踊」という意味であり、西欧のバレエの伝統的な舞踊技術のことだ。「ダンス・クラシック」、「ダンス・アカデミック」、「アカデミック・ダンス」などの語もほぼ同義に使われている。

このダンス・デコールと呼ばれる舞踊技術は、身体の効率的な運用技法としてきわめて汎用性が高い。今ではバレエのレッスンは、さまざまな領域で基礎訓練として定着している。例えば、モダンダンス、ジャズダンス、ヒップホップダンス、ボールルームダンスなど他のジャンルのダンサーたちから、ミュージカルの俳優、フィギュアスケート、アーティスティックスイミング、新体操などのスポーツ選手まで、バレエを学ぶ層は厚く広い。その理由は、ダンス・デコールが、身体を全方位に素早く移動および跳躍させる技法として、さらに身体を左右のどちらへも回転させる技法として洗練されているからである。

また、ダンス・デコールは、足の位置や身体の方向を整理し、多数のポーズとステップ（バレエではフランス語で「パ」と呼ぶ）に名称を与えて分類しているという点で体系性が強い。他のダンスでも、ポーズとステップに名称を与えて分類しているものはあるが、バレエほど具象的な意味を離れて、抽象的かつ機能的に動作体系を構築しているダンスはない。

この合理性、体系性ゆえに、他のジャンルのダンスやスポーツなどでも、ダンス・デコールを身体動作の汎用のテンプレート、客観的な標準フォーマットとして利用することが可能なのである。バレエというダンスは、ダンスのためのダンスという点で、「メタ・ダンス」の性格を備えているのだ。

ターンアウトの意義

ダンス・デコールが「身体を全方位に素早く移動および跳躍させる技法として、さらに身体を左右のどちらへも回転させる技法として洗練されている」のは、「ターンアウト」した脚のポジションを出発点として、ポーズとステップの体系が築き上げられているからである。

ターンアウトとは、両脚の爪先を外側へ開いたポーズのことで、フランス語で「アン・ドゥオール」と呼ぶことも多い。人間は、自然に立てば爪先がおよそ正面を向くが、その爪先を意識的に外側へ九〇度開いた姿勢のことだ。バレエには、約三百五十年前のフランスで定められた脚の基本ポジションが五つあって、それらには第一から第五まで番号が振られており、今もその番号は変わっていない（図序－1）。

ターンアウトが単なる外股ではないことは付言しておきたい。膝下から足首を捻《ひね》って爪先を開くのは誤りで、太腿《ふともも》のつけ根の股関節から下肢全体を外へ回さなければならない。バレエのレッスンでは、膝や足首を捻る誤ったターンアウトは怪我《けが》や故障の原因となるので、固く禁じられている。

バレエにおけるターンアウトの効用は、①股関節の可動領域の最大化、②回転・跳躍力の蓄積、③平衡感覚の鋭敏化、そして④下肢の美しいラインの造形と、多岐にわたっている。これらを簡単に言い換えれば、訓練したバレエダンサーはターンアウトによって、①脚を限界まで高く上げることができるようになり、②前後左右、どの方向へも跳躍しやすくなり、また左右どちらの方向へも回転できるようになり、③体幹軸が強く意識化されて、安定感のある滑らかな動きができるようになり、さらに④下肢ですっきりと整った美しい形状を造ることができるようになるのである。

Fig. 3. Le posizioni dei piedi.

図序－1　バレエの基本ポジション
ワガノワ（第８章）の著書より

ターンアウトは人間にとって不自然な姿勢であり、完全な習得には幼時からの長時間にわたる訓練による肉体の改造を必要とする。ダンス・デコールは、そのためのレッスン方法を、バレエダンサー育成のための教育システムとして体系化している（例えば、ロシアのバレエ教師が開発したワガノワ・メソッド、イタリアのバレエ教師が開発したチェケッティ・メソッド、パリ・オペラ座バレエ学校のメソッド、イギリスのバレエ教育機関が開発したＲＡＤメソッド等）。

自己変革の志向

もう一つ、前述の定義中の「芸術志向の強い」という形容句についても説明しておこう。私たちが知っている芸術が芸術として社会的に認知されたのは、西欧ではルネサンス以降、より明確には近代になってからである。それ以前の芸術は、娯楽的行為あるいは儀式的行為の一部であった。音楽、美術、文学、演劇など、すべての芸術の起源は、人々が自分たちで楽しむため、または誰かを楽しませるために行う行為か、人々が伝統や慣習に従って行う宗教的・政治的行為のどちらかである。近現代社会においても、芸術がエンターテインメントと不可分であり、また各種イベントの重要な要素であることに変わりはない。

しかし、近代芸術は創造性を重視し、自らを常に新しいかたちへ変化させようという内的な力を有している点で、前近代の娯楽や儀式と一線を画している。近代芸術は、伝統や慣習から脱却しようとする自己変革の志向が強く、現在の様式は未来において克服すべきものとされ、常に実験的、挑戦的な精神が求められる。

バレエは、次章で説明する通り、ルネサンス期のイタリアで芽吹いた当初より、自らを創造的な方向へと変えてゆこうという力を内包していた。その後も何度か姿を大きく変容させて、現在に至っている。バレエ史は連続しているが、何度か大きなモデルチェンジが行われており、十五世紀ルネサンス期のバレエ、十七世紀バロック期のバレエ、十九世紀のロマンティック・バレエでは、ずいぶん見かけが異なっている。自らを常に新しいかたちへ変化させようとするモーメントは、近代芸術の特徴である。

以上より改めて定義すれば、本書でバレエとは、「ターンアウトをした脚の基本ポジションを有するダンス・デコールと呼ばれる舞踊技法を軸とし、自らを創造的に革新する意思を宿したアーティスティックなダンス」のことである。

バレエ史の六百年

バレエの歴史はおよそ六百年である。バレエはルネサンスのイタリアに誕生し、バロック／ロココ期のフランスで育ち、十九世紀の西欧とロシアで成熟して、二十世紀に世界へと広がった。次章からバレエ史の旅を始める前に、三つの「広がり」で六百年をざっと見通しておく。三つの「広がり」とは、「地理的な広がり」、「社会的な広がり」、「芸術的な広がり」である。

「地理的な広がり」とは、バレエの踊られる地域が移動し、拡大してゆくことである。十五世紀、バレエの萌芽的状態である「前バレエ」はイタリアで生まれ、十六世紀、フランスへ伝わった。十七世紀、バレエはフランス宮廷で発展した。十八世紀になると、このフランスのローカルなダンスがヨーロッパ中に広がり始めた。十八世紀後半には、スターダンサーや優れたバレエ振付家が、イギリスからロシアまで広く行き来して活動をするようになった。十九世紀前半、「ロマンティック・バレエ」がヨーロッパ中で流行する。十九世紀後半になると、西欧に代わってロシアでバレエは発展し、「クラシック・バレエ」が誕生した。二十世紀に入ると、「バレエ・リュス」という名の巡業バレエ団を起点として、バレエは世界へ広がり始めた。英米に初のバレエ団が誕生したのが一九三〇年頃であり、ラテンアメリカ、アジア、アフリカ、オセアニアの国々にもバレエ団が誕生した。

「社会的な広がり」とは、バレエを楽しむ人数が、限られた階層・階級からすべての人へと増えてゆくことである。十五世紀の前バレエは、イタリアの都市貴族たちが自ら踊って楽しむダンスであった。十六〜十七世紀前半、バレエはフランスの宮廷貴族たちが教養、マナーとして身につけ、自ら踊るダンスであった。十七世紀後半になって、バレエは訓練を受けた職業的なダンサーが踊る舞台芸術へ転換し、王侯貴族がプロダンサーの踊りを劇場で鑑賞して楽しむものとなった。十九世紀になると、バレエの主な観客は王侯貴族から新興ブルジョワジーへと交替した。二十世紀、観客は一般市民へと広がった。二十世紀後半になると、バレエは他のさまざまなジャンルのダンサーが学ぶ基礎技法となり、女子児童・生徒が習う稽古事、あるいは成人女性が行うエクササイズとしても普及してゆく。

「芸術的な広がり」とは、バレエという芸術の表現する主題が変容し、その表現方法が多様になってゆくことである。十七世紀前半までのバレエは、王侯貴族のための余興であり、古代ギリシア・ローマの神話や伝説が主な主題であった。表現のための技術は、長く職業的な訓練を受けなくても踊れる水準であった。十七世紀後半になると、神話・伝説以外のバレエが増えてゆく。そしてこの頃、ターンアウトを基本とするダンス・デコールが確立し、バレエは長期間の訓練を受けた職業ダンサーでなければ踊れないものとなった。

十八世紀、「オペラ・バレエ」という上演形式が普及し、遠くの国々の風俗を扱う異国趣味の作品が増加した。また、突出した技術を持ったダンサーたちが注目されるようになった。そもそも「芸術」という概念が西欧に誕生したのは十八世紀半ば、啓蒙《けいもう》主義の時代である。十八世紀後半、多くのバレエ振付家によりバレエの演劇的な表現力を強化するための改革が行われ、バレエは「パントマイム・バレエ」と呼ばれる様式を獲得してオペラから独立した。

十九世紀前半になると、バレエは、恋愛、異界、異国というロマン主義的な主題を表現する芸術となった。技術的には、女性が爪先立って踊る「ポアント技法」が登場した。十九世紀後半、ロシアで確立したクラシック・バレエにおいても、ロマン主義的な主題は引き継が

表序−1　バレエ史の概要

時代	地域	バレエの変遷	
15世紀	イタリア	貴族が宮廷で自ら踊り楽しむ余興としてのダンス（バッロ）	第1章
16世紀	フランス	貴族が宮廷で自ら踊り楽しむ余興としてのダンス（前バレエ）	第2章
17世紀	フランス	貴族が宮廷で自ら教養・マナーとして踊るダンス（宮廷バレエ） ↓ 職業ダンサーが劇場で踊り、貴族が鑑賞（コメディ・バレエ）	第3章
18世紀前半	欧州	職業ダンサーが劇場で踊り、貴族と市民がオペラの一部として鑑賞（オペラ・バレエ）	第4章
18世紀後半	欧州	職業ダンサーが劇場で踊り、貴族と市民が鑑賞（パントマイム・バレエ）	第5章
19世紀前半	欧州	職業ダンサーが劇場で踊り、ブルジョワジーと市民が鑑賞（ロマンティック・バレエ）	第6章
19世紀後半	ロシア	職業ダンサーが劇場で踊り、貴族とブルジョワジーが鑑賞（クラシック・バレエ）	第7章
20世紀前半	世界	職業ダンサーが劇場で踊り、一般市民が鑑賞	第8章
20世紀後半	世界	職業ダンサーが劇場で踊り、一般市民が鑑賞 ＋一般市民がエクササイズとして習うダンス	第9章

れた。二十世紀前半、バレエ・リュスの振付家とダンサーたちが、バレエの表現する主題と表現方法を革命的に押し広げた。そして二十世紀後半、優れた振付家たちがバレエの芸術的表現をいっそう深め、ダンサーたちはテクニックをいっそう強化して、現在に至っている。

表序−1は、本書の各章で取り上げる世紀、地域の対応と、それぞれの章に登場する「バレエ」がどのようなものであったかを簡略に示したものである。

第1章　都市貴族の余興として芽生えたバッロ

——ルネサンス期イタリア

十五世紀のイタリア

バレエの萌芽《ほうが》は、十五世紀イタリアの都市貴族が楽しむ余興である。本章では、最初に時代背景を確かめてから、イタリアの都市貴族の余興のダンスがなぜバレエの萌芽と言えるのか、その三つの根拠を説明する。

十五世紀のイタリアは、ヨーロッパの経済と文化の中心であった。経済的には、地中海貿易による繁栄を享受し、文化的には「イタリア・ルネサンス」が最盛期を迎えた頃である。例えばルネサンス美術の三巨匠、レオナルド・ダ・ヴィンチ、ミケランジェロ、ラファエロは、いずれも十五世紀に生まれ、十六世紀初めにかけて活躍している。

当時のイタリア半島は、名目上は神聖ローマ帝国の傘下にあったが、実質的には独立した政治的権限を持つ都市国家、小君主国、教皇領に分かれていた。とりわけ北イタリアには、十世紀頃からヴェネツィア、ジェノヴァ、ミラノ、フィレンツェなどの自治都市が誕生し、これらが都市共和国（コムーネ）となって、互いに競い合っていた。

イタリアの経済的繁栄のきっかけとなったのは、十一世紀末から約二百年続いた「十字軍」である。北イタリアの港湾都市であるヴェネツィア、ジェノヴァ、ピサは、十字軍の出港地となり、イタリア商人たちが地中海東岸の小アジアやシリアとの「東方貿易」を盛んに始める。同時に十字軍は、中世封建社会が解体する遠因ともなった。なぜなら、この大遠征は封建諸侯、騎士階級の没落と、教皇権の威信低下をもたらし、一方で新勢力である国王権力を強化し、商工業の発展と富裕な市民層の拡大をもたらしたからである。そして、この富裕な市民層こそが都市貴族の正体である。

北イタリアの内陸にあるミラノや、ミラノとローマの中間に位置するフィレンツェも、東方貿易の恩恵を受け、毛織物の生産や金融業で大きな富を獲得するようになった。ミラノは毛織物工業に加えて、武器製造などの金属加工業で有名だった。このミラノは、かつては都市共和国であったが、十四世紀初めにヴィスコンティ家が権力を握って「ミラノ公国」となり、さらに十五世紀にはスフォルツァ家へ権力が移った。ミラノのスフォルツァ家は、ルネサンス期のバレエの庇護《ひご》者となる。

一方、フィレンツェも毛織物工業と金融業で栄えていた。フィレンツェで金融業を営んで台頭したのがメディチ家である。フィレンツェは、形式的に共和政を維持して公国とはならなかったが、十四世紀半ばからメディチ家が政権を実質支配し、寡頭政治となった。そしてこのメディチ家も、バレエ史において重要な役割を果たすことになる（第2章）。

そもそもイタリア・ルネサンスは、十四世紀にフィレンツェで始まった文化運動である。その最大のパトロンがメディチ家であった。十五世紀になると、メディチ家の手厚い文芸の庇護のおかげで、ルネサンスはフィレンツェで最盛期を迎えた。例えば、文学ではダンテ、ペトラルカ、美術ではマザッチョ、ドナテルロ、ギベルティ、ボッティチェリ、そして建築家のブルネレスキは、全員がフィレンツェ出身である。

イタリア都市貴族の余興のダンスがバレエの萌芽である第一の根拠は、それが西欧近代の起点ともいえるルネサンスのダンスだったことにある。ルネサンス期のさまざまな文化現象は、イタリアからアルプス以北へと伝播《でんぱ》した。バレエも源流を遡《さかのぼ》ると、十五世紀のイタリアにたどりつくのである。

貴族の大規模な祝祭アトラクション

余興というと、忘年会や結婚披露宴などで参加者を楽しませるための宴会芸をイメージするかもしれない。しかし、そのような現代日本の余興とルネサンス期の余興とは、三つの点で大きく異なっている。

第一に、それは都市貴族が執り行う祝祭や儀式に付随する、きわめて豪華で大掛かりなスペクタクルだった。その内容は、壮大なプログラムから構成されたもので、詩の朗読、歌唱、仮面劇、楽器の演奏、舞踏会などの組み合わせであった。贅沢《ぜいたく》な料理を供する晩餐《ばんさん》会と併行して、夜を徹して行われ、数日続くこともあった。一回きりの余興のために、特設の舞台が宮廷の大広間や中庭に設置され、何百という華美な衣装が特別に縫製された。

第二に、都市貴族にとって、余興の企画と実行は重要な社交術、政治的行為であった。余興は、王侯・貴族の結婚や出産、他国からの客人の来訪、伝統的なキリスト教の祭日、同盟の締結といった機会に、多くの賓客を招いて催された。主催する貴族にとっては、自らの財力や芸術的センスを誇示し、有力者とのコネクションを強化する場であった。市民が観客となる仮装行列、野外劇、馬上槍《やり》試合、噴水、打ち上げ花火などもあり、貴族が権威を高めるための市民向けアトラクションという意味合いもあった。

第三に、この余興は「人文主義」（ヒューマニズム）の影響の下に行われていた。人文主義は、人間そのものの美しさや価値を強調する思想であり、ルネサンスの精神的支柱と言ってよい。中世西欧の神中心の世界観では、人間の価値は著しく低かった。これに対してルネサンスは、カトリック教会の威信低下と自治都市の成長に後押しされ、ギリシア・ローマの古典を範として、人間の価値を回復する思想的転換の文化運動だった。

古典の一つとして参照されたのが、古代ギリシアの哲学者プラトンの著作である。中世西欧では、プラトンの著作は数編しか知られていなかったが、ビザンツ帝国の滅亡時（一四五三年）に、プラトンの著作がイタリアへ流入した。プラトン哲学はルネサンス期の人びとにとって新鮮だった。ルネサンスの文芸庇護者の筆頭だったメディチ家は、フィレンツェに「プラトン・アカデミー」を開設し、人文主義者によるプラトン研究を奨励している。

そして、この「新プラトン主義」の文脈では、余興のステージは単なるエンターテインメントではなかったのである。プラトンは、現実界とは異なる理想界にある「美そのもの」、「善そのもの」を「イデア」と呼んだが、余興のステージは、いわばイデアを視覚化する試みであった。余興は、詩、演劇、音楽、舞踊、美術、建築など多様な美を調和させることで、美のイデアを現実世界に仮構するための手段だったのである。

バッサダンツァとバッロ

当時の都市貴族が主に楽しんだのは、「バッサダンツァ」と呼ばれる踊りだった。一方、バッサダンツァとは異なるものに、「バッロ」があった。バッロはイタリア語の動詞「バラーレ」（踊る）の名詞形である。この「バッロ」から、「小さなバッロ」という意味の「バレット」という語が作られ、それがフランスへ伝わって「バレエ」となった。イタリア都市貴族の余興のダンスをバレエの萌芽と言い得る第二の根拠は、バレエという言葉の語源である。

バッサダンツァという宮廷舞踊は、十五世紀から十六世紀初頭に流行した。とりわけ、フランスのブルゴーニュ地方の宮廷に普及していたので、バッサダンツァの原型はフランスからイタリアへ伝わった可能性が高い。バッサダンツァでは、基本的に男女が組となり、二人から十数人程度の人数で、行列を作って踊った。四分の六拍子または二分の三拍子の音楽に合わせて、単純なステップを踏みながらゆったりと進み、男女が手を合わせたり、腕を組んだりしながら、対称的な動きをすることが多かった。

「バッサ」とは「低い」という意味である。足を高く上げたりジャンプしたりすることなく、両足をあまり床から離さずに、滑らせるようにして踊ることを形容している。当時の貴族は、落ち着きのある静かで優雅な動きを、貴族らしい所作として好んだのであろう（図１－１）。

図１－１　バッサダンツァ

一方、バッロは、バッサダンツァよりも新しく登場したダンスだった。バッロは、三つの点でバッサダンツァとは異なっていた。

第一に、動きのヴァリエーションが多かった。バッサダンツァと同じ低いステップに加えて、高さのある勢いのよい動きや、弾むようなジャンプも用いられた。第二に、音楽のリズムとテンポがさまざまだった。バッサダンツァのリズムとテンポは一定していたが、バッロには何種類もの異なるリズムとテンポの踊りが含まれていた。具体的には、四分の四拍子のクワデルナリア、八分の六拍子のサルタレッロ、四分の二拍子のピヴァなどである。踊る速度は、バッサダンツァが一番遅く、クワデルナリア、サルタレッロ、ピヴァの順に速くなる。

そして第三に、バッサダンツァとバッロが最も異なるのは、バッロは数種類の踊りを組み合せて踊ったという点である。バッロは、二つから四つの部分に分かれており、それぞれが異なるリズムとテンポだった。バッサダンツァもバッロの構成要素となった。例えば、サルタレッロで舞台に登場し、バッサダンツァを踊り、ピヴァで締めくくるのが、バッロの典型的な構成パターンであった。

要するに、バッロはバッサダンツァと比べて、音楽においても振付においてもはるかに多様で複雑なダンスだったのである。

バッロの宿す創造力

イタリア都市貴族が催した祝祭や儀式の余興において、その中心に据えられていたのは、古代ギリシア・ローマの神話や古典に基づいて創作された演劇だった。ダンスは「幕間劇」（インテルメディオ）の一部として、歌唱や無言劇など、その他の短めの演目と一緒に上演される添え物だった。

しかし、ルネサンス期イタリアの余興では、メインの演劇よりも添え物の幕間劇の方がはるかに豪華で人気があった。堅苦しい古典劇よりも、気楽に楽しめる幕間劇の方に人気が集まったのである。十九世紀スイスの歴史家、ヤーコプ・ブルクハルトは、北イタリアの都市フェラーラで一五〇一年に行われた婚礼の余興について、「だれでも劇のあいだじゅう、幕間劇を待ちこがれていたとは、幕間劇の目もあやな壮観を考慮に入れれば、納得のいくことである」（柴田治三郎訳）と述べている。

この余興の幕間劇には、バッサダンツァとバッロが含まれていたが、観客を喜ばせるという点では、バッロの方が重要だった。なぜならバッサダンツァの格式ばった静かで単調な踊りよりも、バッロの活発で変化に富んだ踊りの方が、いっそう目と耳を楽しませたからである。バッロには、より独創的、より技巧的な踊りを求めるという特徴があった。

十五世紀イタリア都市貴族の余興のダンスをバレエの萌芽と言い得る第三の根拠は、バッロが宿していた創造力である。筆者は、バッロの創造力が、その後バレエが脈々と五百年以上発展し続けるモーメント、バレエの「自己変革の力」の出発点となったと考えている。そして、十五世紀のバッロの創造力を証明するのが、次に紹介するドメニコとグリエルモという二人のダンス教師の著作である。

ドメニコ——舞踊理論の始まり

ドメニコ・ダ・ピアチェンツァ（Domenico da Piacenza, ca.1400-ca.1476）という名前は、「ピアチェンツァ出身のドメニコ」という意味である。ドメニコは、ミラノ公国のピアチェンツァに生まれ、そこでダンスを教えていた。三十歳代の時、フェラーラ侯国の支配者であるエステ家に仕えるようになった。「ドメニコ・ダ・フェラーラ」という別名もある。

フェラーラ侯国は、北のヴェネツィア共和国と南のローマ教皇領に挟まれた小国で、十三世紀以降、エステ家が支配していた。ドメニコが最初に仕えたフェラーラ家当主は、ニッコロ三世デステであり、その死後は二人の息子、レオネッロ・デステとボルソ・デステに仕えた。エステ家は、フィレンツェのメディチ家やミラノのスフォルツァ家と同様に文芸の庇護に熱心だった。とりわけレオネッロは多くの人文主義者のパトロンとなり、彼の時代は「フェラーラ・ルネサンス」と呼ばれたほどである。

ドメニコもまたフェラーラ・ルネサンスを支えた一人だった。彼はエステ家のために余興のダンスを振付け、自ら踊り、貴族たちにダンスを教えた。最初の大きな仕事は、一四三五年のレオネッロの結婚式だった可能性が高い。ドメニコは西欧で最も早く成功したダンス教師であり、後に弟子たちが活躍したため、その名声はいっそう高まった。

ドメニコのバレエ史における功績は、ダンスについて西欧で史上初の理論書、技術解説書を残したことにある。一四五〇年頃、彼は『舞踊技術と舞踊の演出について』を著した。『舞踊振付教本』、『舞踊術と振付法について』などとも和訳されている。一四五〇年は、ドイツでグーテンベルクがようやく活版印刷術を完成させた頃で、ドメニコの著書はまだ手稿本である。タイトルはラテン語だったが、本文はイタリア語で書かれていた。さらに、三人称で書かれているため、口述筆記である可能性が高い。現在、パリのフランス国立図書館に写本が一冊保存されている（図1－2）。

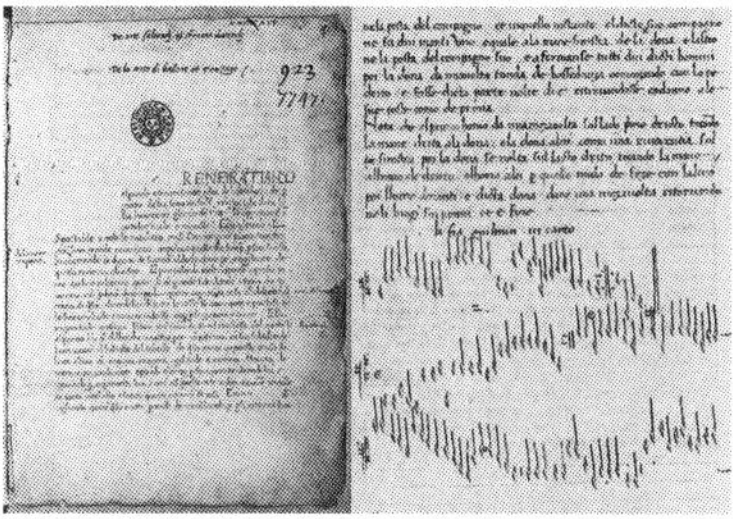

図1－2　フランス国立図書館に保存されているドメニコの写本

ドメニコの著作は二部構成で、前半が舞踊理論、後半が振付の実例解説集である。前半には、良いダンサーになるための基本的な要件が挙げられている。後半では、拍子とテンポが異なる四種類のダンス、すなわち先述したバッサダンツァ、クワデルナリア、サルタレッロ、ピヴァについて解説し、バッサダンツァを「舞踊の女王」と呼んでいる。しかし、ドメニコが力を入れて創作したのは、バッサダンツァではなくバッロだった。本書後半には、二十二のダンスの振付が楽譜と言葉によって示されていて、そのうちの十八はバッロであった。彼の関心が、より複雑で多様性のあるバッロの創作に向いていたことは間違いない。

ドメニコの著作によって、ダンスは記録されるものともなった。音楽では、すでに十世紀頃から譜線を引いた楽譜が用いられていたが、ダンスにおける広義の記譜はドメニコに始まったと考えられる。記録は、事物・事象を客観視し、それを分析する力を与える。かくしてダンスは、分析され、革新される対象としての第一歩を踏み出したのである。

ドメニコの弟子グリエルモ

グリエルモ・エブレオ・ダ・ペーザロ（Guglielmo Ebreo da Pesaro, ca.1420-ca.1481）はドメニコの弟子であった。その名は「ペーザロ出身のユダヤ人グリエルモ」という意味で、後にキリスト教へ改宗して「ジョヴァンニ・アンブロジオ」と改名したという記録がある。グリエルモが生まれたペーザロは、フィレンツェの東方にあり、ミラノのスフォルツァ家の分家が支配していた。彼はピアチェンツァでドメニコに師事し、やがてドメニコの振付を手伝い、さらにミラノ、フェラーラ、ナポリなど、イタリア各地の宮廷から招かれて余興のダンスを振付けるようになった。ペーザロの領主アレッサンドロ・スフォルツァがパトロンとなったので、残っている記録はスフォルツァ家が依頼した仕事に関するものが多い。

図1−3　グリエルモの著作の挿絵

一四六三年、グリエルモは『舞踊芸術実践論』を手稿本として刊行した。この本は、やがてミラノ公となるガレアッツォ・マリア・スフォルツァに献呈されたものだった。その内容は、敬愛する師の著作と同じく、前半が舞踊理論、後半が振付の実例解説集という構成であった。後半では、十四のバッサダンツァと十七のバッロ、計三十一の振付を具体的に説明している。そのうちの五つのバッサダンツァと十二のバッロは、ドメニコの作品であった。

『舞踊芸術実践論』の写本はいくつもあるが、その一つには、ハープの伴奏で、男性一人と女性二人が手の指をつないで踊っている有名な挿画が掲載されている（図1−3）。ちなみにグリエルモは、バッロとともにバレットという語も用いている。

このように十五世紀のイタリアで、ドメニコとグリエルモによってバッロは宮廷舞踊のジャンルとして定着し、バレエへとつながる芸術としての歩みを始めたのである。

レオナルド・ダ・ヴィンチのバレエ

十五世紀のイタリアで、王侯貴族が主催する余興の上演に協力した芸術家としては、ブルネレスキ、ボッティチェリ、ダ・ヴィンチが知られている。ブルネレスキはフィレンツェのサンタ・マリア・デル・フィオーレ大聖堂を完成させた建築家、ボッティチェリは『春』、『ヴィーナスの誕生』で有名な画家、そしてダ・ヴィンチは、『モナ・リザ』（ジョコンダ像）、『最後の晩餐』で有名な「万能の人」である。

レオナルド・ダ・ヴィンチ（Leonardo da Vinci, 1452–1519）の名前は、前述の二人のダンス教師の名前と成り立ちが同じで、「ヴィンチ出身のレオナルド」という意味である。フィレンツェ共和国のヴィンチ村に生まれ、十四歳でフィレンツェへ行って、名の知れたヴェロッキオの工房で美術の修業を始めた。修業時代には、ブルネレスキのサンタ・マリア・デル・フィオーレ大聖堂の建築にも関わっている。同じ工房の兄弟子だったボッティチェリとは、生涯のライバルになった。レオナルドが業績を残した分野は、絵画、彫刻、建築に加えて、数学、物理学、生物学、地学、医学、音楽、工学、軍事工学ときわめて幅広い。

レオナルドは三十歳でミラノへ移り、スフォルツァ家の当主ルドヴィコ・スフォルツァ（通称イル・モーロ）の庇護を受け、その才能を開花させる。ミラノのスフォルツァ家は、前節のドメニコとグリエルモを何度も招いて余興の踊りを任せており、舞踊芸術の重要な支援者だった。ルドヴィコ・スフォルツァは、レオナルドにさまざまな仕事を与えた。新しい武器の設計や、亡父フランチェスコを称える騎馬像の鋳造、そして最も有名なのはサンタ・マリア・デレ・グラツィエ修道院の食堂壁画となる『最後の晩餐』の制作である。

それらに加えて、ルドヴィコはレオナルドに祝祭の余興のための美術と演出を依頼した。そもそもミラノに来る前のフィレンツェでは、レオナルドは美術家としてよりも音楽家として知られていた。彼はリラ・ダ・ブラッチョという弓を使う弦楽器の演奏にきわめて優れており、即興演奏では彼の右に出る者はいなかったという。

ミラノで上演された余興で、レオナルドが関与した記録が残っているのは、一四九〇年の《楽園》（イル・パラディィソ）と九六年の《ダナエ》の二つある。ここでは前者について紹介する。

《楽園》が上演されたのは、当主ルドヴィコの兄の息子、つまり甥っ子のジャン・ガレアッツォ・マリア・スフォルツァと、ナポリ王女イザベラ・ダラゴーナの婚約を祝う宴会だった。ある種の政略結婚であり、ルドヴィコが甥っ子のために、スフォルツァ城内で盛大な宴会を催したのだった。ルドヴィコの兄にしてジャンの父であるガレアッツォ・マリア・スフォルツァは、グリエルモが『舞踊芸術実践論』を献呈した人物である。

《楽園》は、宴会の最後に余興のクライマックスとして用意された。台本は宮廷詩人が書き、それに合わせてレオナルドが機械仕掛けの舞台装置と登場人物の衣装を制作したと伝えられている。物語のあらすじは、神話の神々が登場して、詩と歌と踊りで新婦および当主ルドヴィコの妻を褒め称えるというものだった。

幕開きは、さまざまな国のダンスで、花嫁も踊りに参加。芝居が始まると、天国を象徴する巨大な半球が舞台に出現する。半球は中空で、その内側は黄金に輝き、星を表すたくさんの灯火が据え付けられていた。何より人々を驚かせたのは、七つの天体が垂直方向に回転する仕掛けだった。七つの天体とは、地球の周りを廻っていると考えられていた太陽、月と五つの惑星（水星、金星、火星、木星、土星）である。天体を回転させる機構は、ブルネレスキがフィレンツェで考案した舞台装置を参考にしたらしい。そして新婦と当主の妻への称賛は、リラ・ダ・ブラッチョやリュートの演奏に合わせた歌唱と舞踊で表現された。

この余興のダンスの制作に、レオナルドが直接関わったという証拠はない。しかし、優秀な音楽家にして万能の天才だった彼ならば、音楽を作曲し、独創的なバッロを振付けていた可能性はある。レオナルド自身が弾くリラ・ダ・ブラッチョの音色に合わせて、彼がデザインした衣装を身につけた貴族の女性たちがバッロを踊ったのかもしれない。

十五世紀末、フランスとハプスブルク家の対立から「イタリア戦争」が勃発する。この戦争は、五十年以上にわたってだらだらと続いた。一四九九年、フランス軍がミラノへ侵攻したのをきっかけに、レオナルドはミラノを離れて、フィレンツェ、ローマなど、しばらく各地を転々とすることになる。晩年は、フランス王に招かれてフランス中部のアンボワーズへ赴き、そこで亡くなった。

十六世紀になると、バレエの歴史もイタリアからフランスへと舞台を移すことになる。

第2章　フランス宮廷の祝典から誕生したバレエ

――ヴァロワ朝フランス

十六世紀のヨーロッパ

十五世紀イタリアの都市貴族たちがバッロまたはバレットと呼んだ新しいスタイルのダンスは、十六世紀フランスの宮廷へと輸出された。本章でも初めに当時の時代背景を確かめ、その上で、新しいダンスの流行の中心にヴァロワ朝の王権があったこと、とりわけイタリアからフランスへ輿入《こし》れし、フランスの王権強化に活躍したカトリーヌ・ド・メディシスが、バレエ輸入の立役者であったことを説明する。

ヨーロッパの十六世紀を簡潔にまとめれば、「大航海時代」を経てスペインが海上覇権を握り、「宗教改革」が始まってカトリック対プロテスタントの宗教戦争が広がった世紀である。

十五世紀に始まる大航海時代は、ポルトガルとスペインによるアメリカ、アフリカ、アジアへの大規模な侵略の引き鉄《がね》となった。スペインは中南米の広大な新領土に植民を行い、メキシコ、ペルーの銀山採掘と、インディオの奴隷労働によって繁栄を築いた。やがてスペインはフィリピンを植民地化し、さらにポルトガルを併合（一五八〇）して「太陽の沈まぬ」大帝国となる。一方イタリアは、オーストリアとスペインを治めるハプスブルク家と、フランスのヴァロワ朝との対立に端を発するイタリア戦争の戦場となった。このことは、この後説明する通り、バレエの歴史に大きな影響を与えた。

経済においては、この世紀にヨーロッパで「商業革命」と「価格革命」が起きた。「商業革命」とは、経済の中心地域が地中海周辺から大西洋沿岸に移り、世界的な商業・貿易のシステムが転換したことを指す。「価格革命」とは、中南米からの銀の大量流入によって、激しい物価騰貴（インフレーション）が起こったことを指す。

政治的には、宗教改革がヨーロッパ各地の争乱をもたらした。ドイツではルターが『九十五箇条の論題』を発表してローマ・カトリック教会を批判し（一五一七）、スイスではカルヴァンが予定説を唱えてジュネーヴで神聖政治を開始した（四一）。カルヴァンは神聖政治において、ダンスを犯罪として禁止した。宗教改革は各地に広がり、農民の教会への反発、神聖ローマ皇帝とプロテスタント諸侯の対立、ローマ教皇と各国王の対立などを背景として、広い範囲で宗教戦争が勃発した。

文化的には「北方ルネサンス」の世紀である。ルネサンスの潮流はイタリアから北へ、ドイツ、フランス、オランダ、イギリスへと波及する。この世紀のあいだに、フランスでは国王たちがダ・ヴィンチを初めとするイタリアの芸術家を宮廷に迎え、オランダではエラスムス、ブリューゲル父子らが活躍し、イギリスではトマス・モア、シェイクスピアらが活躍した。

フランス・ルネサンスの王たち

以上のような背景のもと、中世封建社会は崩壊し、ヨーロッパの諸国は主権国家体制へと移行してゆく。価格革命の結果、固定の貨幣地代で生活する領主層と高利貸し的な金融業者が没落したこと、宗教改革の結果、教皇を頂点とするカトリック教会の普遍的権威が失墜したこと、さらに宗教戦争の結果、兵員と軍事費の大規模な調達が必要となり、各国で国王を中心とした行政組織の改革が行われたことなどが、主権国家体制へ移行する原動力となった。

フランスでその変化を担ったのがヴァロワ朝である。十四世紀前半にフランス王位を継承したヴァロワ家は、イギリスとの百年戦争に勝利を収めて、大陸側のイギリス領をほぼ一掃し、フランス国内を事実上統一して王権を強化してゆく。

まず、バレエがイタリアから本格的に輸入される前までの三代の王、シャルル八世、ルイ十二世、フランソワ一世について述べておこう。

ヴァロワ朝七代目の王シャルル八世は、イタリアへと領土的野心を向け、一四九四年、ナポリ王国の王位継承権を主張してイタリアへ遠征し、第一次イタリア戦争を始めた。フランス軍のミラノ公国への侵入の手引きをしたのは、ダ・ヴィンチに《楽園》の制作を依頼したルドヴィコ・スフォルツァだった。しかし、神聖ローマ皇帝と周辺諸国が反フランス同盟を結成したため、フランス軍はまもなく撤退せざるをえなかった。

シャルル八世は帰国後にあっけなく事故死するが、その領土的野望は次の王、ルイ十二世に引き継がれる。ルイ十二世は、内政においては法制の整備や税の軽減を行って経済的繁栄をもたらし、また学芸を保護してフランス・ルネサンスを開花させたことで「国民の父」と称される王である。しかし、彼が始めた第二次イタリア戦争は、当初こそミラノ公国を併合するが、結局は反撃にあって敗走する。

イタリア戦争には失敗したが、ルイ十二世は重要なものをフランスへ持ち帰り、バレエ史に名をとどめている。ミラノから、グリエルモの『舞踊芸術実践論』の写本を持ち帰り、王家の蔵書としたのである。イタリア戦争はイタリアのさまざまな文物がフランスへ伝わるきっかけとなり、バッロ／バレットの記録資料もこのとき国境を越えた。

イタリアを侵略したフランス軍は、イタリア都市貴族の豊かな暮らしぶり、贅沢な物品や豪華な食事、そしてルネサンスの優れた芸術・文化に驚きをもって接した。ダンスも例外ではない。その様子に想いを馳せたフランスの舞踊史研究家マリ・フランソワーズ・クリストゥは、「イタリア半島にみなぎる洗練と栄華の雰囲気に魅了されたシャルル八世とルイ十二世との麾下《きか》の将士たちは、彼らに敬意を表して上演された舞踊の多様さと調和に目をみはった」(佐藤俊子訳)と描写している。

ルイ十二世の後を継いだのは、ヴァロワ朝で最も有名な王、フランソワ一世である。彼はハプスブルク家のスペイン王カルロス一世(後のカール五世)に対抗して神聖ローマ帝国皇帝選挙に立候補するが落選した。その後終生、ハプスブルク家を相手にヨーロッパの覇権を争った。そして第三次イタリア戦争を始めるが、一時は自らスペイン軍の捕虜になる大敗を喫し、フランスはイタリアへの野望を捨てることになる。その一方で、イタリアからの文化輸入はますます盛んになり、フランス・ルネサンスは進展した。

フランソワ一世は外交では失敗したが、内政では王権の強化に努め、商工業を保護し、文化の発展に貢献した。彼の命令で建てられたフォンテーヌブロー宮殿は、イタリア人建築家を呼び寄せて造営され、フランス・ルネサンス様式の典型的な建築となった。また晩年のダ・ヴィンチを初めとして、イタリアの芸術家、人文主義者を多数フランスに招いた。ダ・ヴィンチは王都アンボワーズに居住し、フランソワ一世の依頼で機械仕掛けのライオンを設計し、亡くなる前の年（一五一八）にはアンボワーズ宮廷で《楽園》を再演している。フランソワ一世はダ・ヴィンチを寵愛《ちょうあい》し、ダ・ヴィンチは国王の腕の中で息を引き取ったとも言われている。ダ・ヴィンチの死後、名画『モナ・リザ』を買い取ったのもフランソワ一世であった。

カトリーヌ・ド・メディシス——バレエ輸入の立役者

一五三三年、フランソワ一世の時代に、第二王子オルレアン公アンリ・ド・ヴァロワの結婚相手としてイタリアのフィレンツェからやってきたのが、当時まだ十四歳のカトリーヌ・ド・メディシス（カテリーナ・ディ・ロレンツォ・メディチ）であった。

メディチ家は、十四世紀末から金融業を営み、ローマ教皇庁を最大の顧客としてヨーロッパ中の金融に影響を及ぼすほどに成長し、フィレンツェを実質支配した大富豪である。そしてその財力で文芸を手厚く庇護したことは、前章で述べた通りである。例えば、十五世紀後半の当主ロレンツォ・イル・マニフィコは、ボッティチェリ、ミケランジェロ、レオナルド・ダ・ヴィンチ、ピコ・デッラ・ミランドラなどのパトロンだった。

十六世紀のメディチ家は、イタリア戦争のあおりを受けて没落し始めていたが、当時のヨーロッパの二大勢力、スペイン・オーストリアのハプスブルク家とフランスのヴァロワ家の両方と政略結婚で結びつき、政治的な立場を維持していた。そのような政略結婚の一つが、カトリーヌ・ド・メディシスのアンリ・ド・ヴァロワへの輿入れであった。カトリーヌは、ロレンツォ・イル・マニフィコの曽孫にあたる。

メディチ家からフランス王家のもとへ嫁いだカトリーヌは、実業家の娘という身分差で冷遇された上、最初の十年間は子どもができず、しかもアンリに愛妾がいたため、決して順調な結婚生活ではなかった。しかし、カトリーヌは持ち前の好奇心と快活な性格でフランスの宮廷に馴染《なじ》んでいった。一五四七年、偉大な義父フランソワ一世が病死し、夫がヴァロワ朝十代目の王、アンリ二世となり、彼女は王妃となった。結局アンリ二世との間に十人の子どもを作り（内一人は死産）、そのうちの三人は国王となるのである。

一五五九年、アンリ二世が馬上槍試合の事故で急死する。同年、十五歳の長男がフランソワ二世として即位するが、わずか一年で病死。そのため十歳の次男がシャルル九世として即位し、実権は摂政となった母后カトリーヌが握ることになった。そして彼女がイタリアからフランスにバレエを輸入する中心人物となる。

融和のための結婚と祝宴

当時、王権強化の障害となっていたのは、カトリック教徒とプロテスタント教徒の党派争いであった。フランスでは、カルヴァン派のプロテスタントがユグノーと呼ばれ、カトリック派と対立していた。そしてカトリック派のギーズ公フランソワの軍隊がユグノーたちを虐殺した事件をきっかけに、フランス国内でユグノー戦争（一五六二〜九八）が勃発する。この内戦は休戦を繰り返しつつ、四十年近くも続くことになる。

フランス王家はカトリック教徒である。しかし、政治的なバランス感覚に優れた摂政カトリーヌは両派の融和を図り、プロテスタント派の領袖ナヴァール王アンリ（後のアンリ四世）に三女マルグリットを嫁がせることにする。メディチ家の得意とする政略結婚である。

一五七二年八月、この結婚のためにプロテスタント派の貴族がパリに集結した。王族の婚儀となれば、イタリアから伝わり、フランス宮廷でも祝祭や儀式の一部となっていた豪華な余興は欠かせない。この結婚式でも、盛大な祝宴と余興が数日間にわたって繰り広げられた。贅沢な料理の合間の余興では、バッサダンツァやバッロが踊られた。この余興には、後に「フランス最初のバレエ振付家」と呼ばれるイタリア出身のダンス教師、ボージョワイユーも参加している。

余興のタイトルは、《楽園の守りまたは愛の楽園》であった。仮面を付けて踊る舞踊劇で、振付についての記録はないが、ストーリーについて多少の記録が残っている。作品は、楽園を巡る攻防に喩《たと》えて宗派対立の和解を描いたもので、祝宴の当事者である国王や新郎が自ら出演して踊った。まず国王シャルル九世を初めとするカトリック教徒が守る楽園を、新郎のナヴァール王アンリが率いるプロテスタント教徒が襲撃する。プロテスタント軍は敗れて地獄へ追いやられる。しかし、カトリック教徒はニンフたちの力を借りて、地獄からプロテスタント教徒を救い出すという結末である。プロテスタント教徒を悪役にしたストーリーではあるものの、このあらすじからも、ナヴァール王アンリとマルグリットの政略結婚が、プロテスタント教徒を国王が赦《ゆる》すという構図の両派融和策だったことが分かる。

サンバルテルミの虐殺

しかし、融和策は成功しなかった。そもそも結婚式後の祝宴は、和解を祝うなごやかなムードではなく、一触即発の緊張下で行われた。結婚式の四日後、プロテスタント派の指導者であるコリニー提督が、ルーブル宮殿での祝宴からパリの宿舎へ帰る途中、何者かに狙撃されて負傷する。プロテスタント派によるカトリック派への報復攻撃の懸念が強まる中、二日後の聖バルテルミの祝日に、カトリック派によるプロテスタント派の大量殺害が始まった。パリのみで数千人が殺害され、セーヌ川は血で赤く染まった。その後殺戮《さつりく》はフランス各地に広まり、秋までに数万人が殺されたという。これが「サンバルテルミの虐殺」である。

さて、三人の国王の母后となり、摂政となって巨大な権力をふるったカトリーヌ・ド・メディシスは、サンバルテルミの虐殺を裏で糸引いた黒幕と名指しされることが多い。虐殺の首謀者が誰だったのか、はっきりした証拠はない。それでもカトリーヌ・ド・メディシスには、良く言っても権謀術数を駆使するマキャベリストのイメージ、あるいは端的に冷酷な悪女のイメージが付いて回る。

しかし、カトリーヌは王権の強化と安定に寄与したのみならず、文化史において大きな役割を果たしている。彼女はあらゆる芸術を愛好し、建築、美術、文学、演劇など、さまざまな分野でパトロン活動を行って、フランス・ルネサンスの進展に貢献した。義父フランソワ一世の建てたフォンテーヌブロー宮殿を増築し、ルーブル宮殿の一角にテュイルリー宮殿を建設した。イタリア人の建築家や美術家を呼び寄せ、即興仮面劇「コメディア・デラルテ」の劇団を招いて、イタリアの先進的な文化をフランスにもたらす役割を果たした。食文化では、イタリアの食材と調理法、フォークなどの食器類、アイスクリームやマカロンなどの菓子類、そして洗練されたテーブルマナーをフランス宮廷へ伝えた。十八世紀まで続く貴族のウィッグ（鬘《かつら》）も、カトリーヌが流行させたものである。

そして、儀式や祝祭における大規模な余興を、重要な政治的デモンストレーションとしてフランス宮廷に定着させたのもカトリーヌであった。

《ポーランドのバレエ》

カトリーヌ・ド・メディシスは、フランスの富と力を誇示するために、余興に力を注いだ。バレエ史でよく知られているのが《ポーランドのバレエ》と《王妃のバレエ・コミック》である。これらを振付けたのはイタリア出身のダンス教師、バルタザール・ド・ボージョワイユー（Balthasar de Beaujoyeulx, ca.1535-ca.1587）で、彼はフランス最初のバレエ振付家と呼ばれている。

ボージョワイユーはアンリ二世の時代に、楽団の一員としてフランスへ入国した。優れたヴァイオリニストとして評判が高く、すぐに王妃カトリーヌに雇われて、彼女の息子たち、すなわち未来の国王たちの音楽教師となった。そして宮廷での余興の演出・振付で才能を発揮し、以後三十年にわたってカトリーヌに侍従として仕えた。

一五七三年、サンバルテルミの虐殺の翌年、カトリーヌの三男にして国王シャルル九世の弟、アンジュー公アンリ・ド・ヴァロワ（後のアンリ三世）が「ポーランド・リトアニア共和国」の国王に選ばれた。当時のポーランドは選挙王制で、議会が王権を制限する立憲君主制の先駆的な政体だった。そしてポーランドの貴族議会での選挙の結果、フランスから新国王を迎えることになったのである。

《ポーランドのバレエ》は、同年八月、アンジュー公アンリの王位当選を知らせにフランスを訪れたポーランド使節団のために、テュイルリー宮殿での晩餐会の後に上演された余興である。そのために《ポーランド大使たちのバレエ》と呼ばれることもある。上演用に仮設の建物が造られて、王族・貴族たちがステージを四方から取り囲むように鑑賞している様子の版画が残っている（図2－1）。

テーマは「フランスの平和と繁栄」だった。まず岩の形をした山車《だし》が、ダンサー、歌手、音楽家を乗せて入場。プロローグは、「フランス」、「平和」、「繁栄」を象徴する三人の演者が、ラテン語の詩を歌って会話をする。次に、フランスの各地域を代表する十六人の女官たちがニンフを演じ、それぞれの地域の良さを讃える詩を岩の上で朗読。そしてフィナーレでは、十六人が岩から下りてステージの中央に集まり、約三十人のヴァイオリニストの伴奏で、列をなして行進し、交互に入れ替わ

図2－1　《ポーランドのバレエ》

り、幾何学的な隊形を作っては組み替えて踊った。

この余興は、次に紹介する《王妃のバレエ・コミック》と比較すると上演時間が短く、豪華さと複雑さでも劣っていた。また、「バレエ」という語では記録されていなかったので、「史上初のバレエ」の称号は《王妃のバレエ・コミック》に譲っている。しかし、バレエの先駆的な形態として、詩の朗読や演者たちの行進も含めて余興全体を《ポーランドのバレエ》と呼んでいる。

さて、アンジュー公アンリはポーランドの王として一五七四年二月に戴冠した。しかし、ポーランド語が話せなかった彼は、ポーランド宮廷に馴染めなかった。わずか三ヵ月後、兄王シャルル九世が病死し、その知らせを聞いたアンリはポーランドから逃げ出して、二度と戻らなかった。帰国後、彼はヴァロア朝最後の王、アンリ三世となった。

《王妃のバレエ・コミック》――史上初のバレエ

一五八一年十月、《王妃のバレエ・コミック》が上演された。これは、王妃ルイーズ・ド・ロレーヌの妹マルグリット・ド・ヴォーデモンと、アンリ三世の寵臣ジョワイユーズ公の結婚を祝うために制作したものだった。台本・演出・振付はボージョワイユーが担当した。王妃ルイーズが制作を依頼したため、「王妃の」と冠されている。「コミック」は、悲劇に終わらず大団円を迎える演劇を広く意味する言葉である。そしてこの作品は、当時すでに《王妃のバレエ・コミック》の名で記録されていたため、「史上初のバレエ」と呼ばれている。

王妃の妹の結婚を祝う行事は、もちろんバレエの上演のみではなかった。豪華な食事会、馬上槍試合、仮装行列、打ち上げ花火など、数週間続いた多くの祝賀イベントの一つとしてバレエも上演されたのである。上演場所は、パリのルーブル宮殿に隣接するプチ・ブルボン宮殿の大広間だった。観客は、《ポーランドのバレエ》と同じく上から舞台を見下ろして鑑賞したが、客席が四方にあった《ポーランドのバレエ》とは異なり、客席は三面で、舞台の一面には舞台装置を設《しつら》えてあった（図２−２）。

図２−２　《王妃のバレエ・コミック》

このバレエについては、ボージョワイユー自身の著書により、詳細が伝えられている。上演は午後十時に始まり、日をまたいで午前三時半まで続いた。テーマは、《ポーランドのバレエ》と同じく国王を中心とした「フランスの平和と繁栄」で、あらすじは、魔女キルケを悪役とし、神話の神々がキルケを制圧して平和をもたらすというもの。キルケは、古代ギリシアのホメロスの英雄叙事詩『オデュッセイア』に登場する魔法使いである。物語の進行は、韻文詩の朗読、歌唱、マイム、そしてダンスの組み合わせで表現されたが、ボージョワイユーは、ダンスを演出の中心に据えたと述べている。当時のバレエは、詩の朗読や歌唱を含めた大規模な余興の一部だったのだが、彼にとってはバレエこそ余興の核心であった。

序盤、十二人のナイアス（水の精）が登場し、群舞の隊形と踊りの軌跡で舞台上に十二種類の幾何学的図形を描く。そこへキルケが突然やってきて、ナイアスたちを彫像に変えてしまう。魔女との攻防が続くが、なかなか魔法は破れない。ミネルヴァ（知恵と戦争の女神）がドラゴンに牽《ひ》かれた戦車に乗ってキルケを攻め立て、ユピテル（最高神）も雲の上から雷でキルケを撃ち、ついにキルケは捕らえられる。終盤のクライマックスでは、キルケが制圧されたことを祝って、十二人のナイアスと四人のドライアド（森の精）が変化に富んだ音楽に合わせて、三角形、正方形、円形など、四十種類もの幾何学的図形を床に描くバレエが上演された。

ユグノー戦争が継続している当時のフランスにおいて、魔女キルケは不和と争乱を惹き起こす邪悪なものの象徴であった。ボージョワイユー自身が著書に「多くの不穏なできごとの後、このバレエは、王国の強さと堅固さの証しとなるだろう」と書いていることからも、このバレエには、宗教的な対立の解消を願った政治的意図が込められていたことが分かる。

バイフの詩歌音楽アカデミー

ここまでボージョワイユーの振付に関して、《ポーランドのバレエ》では幾何学的な隊形と表現し、《王妃のバレエ・コミック》でも幾何学的図形を描くと表現した。幾何学的図形は、彼の緻密な振付によって、群舞の隊形と、ダンサーが移動して床に描く軌跡によって視覚化された。このように、ダンスに数学を持ち込んだボージョワイユーの振付思想は、イタリア出身の詩人バイフらの「新プラトン主義」に支えられたものである。

ジャン＝アントワーヌ・ド・バイフ（Jean Antoine de Baïf, 1532–1589）は、イタリアのヴェネツィアで生まれ、フランスのパリで活躍した人文主義者の詩人である。彼は、フランス語の文学にギリシア・ローマの古典の格調高さを取り入れることを主張した「プレイヤード派」の一人であった。たいへんな博学で、詩のみでなく、戯曲、音楽や翻訳も行って、すこぶる多作だった。

一五七〇年、シャルル九世の庇護の下、バイフを中心にして「詩歌音楽アカデミー」が設立された。これはメディチ家がフィレンツェに開設した「プラトン・アカデミー」をモデルにしたもので、新プラトン主義の影響の下で文学、演劇、音楽、舞踊を総合的に研究する組織だった。新プラトン主義の主張によれば、多様な美を調和させることで人間は神の調和と秩序に近づき、「美そのもの」、「善そのもの」を現実世界に仮構することができる。そして、その実現のために、プラトンよりも一世紀前の哲学者、ピタゴラスの神秘思想が参照された。ピタゴラスは、万物の根源は数が支配すると考えて、数と図形の研究を行い、それを音楽に応用した哲学者である。バイフはピタゴラスにならい、古典詩の厳格な韻律を研究して、フランス語の音節の長短をそのまま長短の音符に移す新しい詩歌の韻律を提案した。

ボージョワイユーは、詩歌音楽アカデミーの影響を受けて、舞踊と音楽により神の調和と秩序に近づこうと試みた。そのための振付手法が、舞台に幾何学的図形を描くことだったのである。三角形、正方形、菱形、円、楕円などの幾何学的図形を、音楽に合わせた正確なステップ、移動の軌跡、ダンサーの配置で描くことによって、人間は肉体的な欲望をコントロールして精神的に高次の段階へ進むことができ、さらには世界に秩序と平和をもたらすことができるというのが、彼の新プラトン主義的な主張だった。

このような詩歌音楽アカデミーとボージョワイユーの研究の成果として、詩、演劇、音楽、舞踊の統合を試みたのが《ポーランドのバレエ》であり、一つの完成形として提示されたのが《王妃のバレエ・コミック》である。アンリ三世も王妃ルイーズも、また《王妃のバレエ・コミック》の祝福を受けた新郎ジョワイユーズ公も、詩歌音楽アカデミーの熱心な支援者であった。ボージョワイユーによれば、ダンサーが舞台に描く幾何学的図形は天体の動きから計算されたもので、宇宙の秩序、天上の調和を表現していた。観客席が舞台を見下ろすように設えられているのは、図形がはっきりと見えるようにするためだった。

一方、現実の政治においては、ボージョワイユーが理想としたような秩序と平和がヴァロワ朝に訪れることはなかった。アンリ三世は、プロテスタント派の領袖ナヴァール王アンリのみでなく、カトリック派の中心人物であるギーズ公アンリとも対立し、ユグノー戦争は「三アンリの戦い」と呼ばれて混迷を深めた。一五八九年、アンリ三世はカトリック修道士に刺殺され、彼に世継ぎがいなかったため、ヴァロワ朝は断絶する。

フランス国内を平定したのは、サンバルテルミの虐殺の時の新郎、ナヴァール王アンリであった。彼はブルボン朝初代国王、アンリ四世となった。アンリ四世は自らカトリックに改宗して両派の融和を図り、パリに入城する。そして一五九八年、「ナントの王令」でプロテスタント教徒の信仰の自由が保障され、四十年近くにわたる内戦はようやく終結した。

第3章 宮廷の儀式・儀礼から劇場芸術へ

——ブルボン朝フランス

十七世紀のヨーロッパ

十六世紀までのバレエは、バレエの先駆的な形態であり、言わば「前バレエ」である。バレエは宮廷舞踊として定着したものの、その舞踊としての様式は、十分に確立していなかった。バレエが揺るぎない様式を獲得したのは、十七世紀のフランス宮廷においてである。それ以降しばらくバレエは、フランスのローカルな舞踊として発達する。

本章では、フランス宮廷でどのようにバレエが隆盛したかを説明する。ブルボン朝では、バレエが絶対王政の統治システムを支える要素として機能したことを論じたい。さらに十七世紀末になると、バレエが宮廷舞踊から劇場舞踊へと変容していったことを述べよう。

十七世紀を簡潔にまとめるならば、宗教戦争の終結によってヨーロッパに「主権国家体制」が確立し、フランスの絶対王政が頂点に達した世紀である。

経済においては、スペインに代わってオランダが主役となった。オランダはスペインの属領であったが、カトリック国スペインによるプロテスタント派弾圧をきっかけとして独立戦争が勃発し、一五八一年、独立を宣言する。独立後のオランダは目覚ましい経済発展を遂げた。「東インド会社」を設立して東南アジアへ進出し、北米に植民地を建設し、バルト海地方との貿易でも他の国を圧倒した。しかし十七世紀後半になると、海上覇権を争ってイギリスとの戦争（英蘭戦争）を重ねることになる。

政治的には、封建社会がすっかり解体し、近代国家が並立して覇権を争いながら経済・政治的活動を営む「主権国家体制」が形成されていった。私たちがよく知る「国」を単位とする国際政治は、この世紀に始まったと言われる。主権国家の初期形態は、国王に権力が集中する「絶対王政」であり、その典型かつ頂点がルイ十四世の君臨するフランスだった。そして、芸術としてのバレエを大きく飛躍させたのも、ルイ十四世である。

ヨーロッパで主権国家体制は、「三十年戦争」の講和条約である「ウエストファリア（ヴェストファーレン）条約」（一六四八）において確立した。三十年戦争は、最後にして最大の宗教戦争で、神聖ローマ帝国内のカトリック派とプロテスタント派の紛争として始まり、やがてヨーロッパ全体を巻き込む戦争となった。ウエストファリア条約は世界初の近代的な国際条約であり、プロテスタントの権利が確認されて宗教戦争は終結し、ドイツの諸侯領は独立した主権国家（領邦）となり、オランダとスイスの独立が承認され、ここにヨーロッパの新しい政治地図が完成した。これがルイ十四世による絶対王政の背景となる。

文化的には、十七世紀は「バロック」と「科学革命」の世紀である。バロック芸術は、宮廷文化として栄えた芸術の様式であり、ルネサンス芸術と比較して、重厚で華麗な装飾性、動的で劇的な構成を特徴としていた。絵画ではベラスケス、ルーベンス、レンブラント、音楽ではモンテヴェルディ、スカルラッティ、リュリが活躍し、建築では、ルイ十四世がパリ郊外に壮麗なヴェルサイユ宮殿を建設した。十七世紀のバレエはいわゆる「バロック・ダンス」とほぼ重なっており、バロック期バレエと呼ぶこともできる。

十七世紀は科学革命の時代とも呼ばれる。観察・実験に基づく実証主義的な研究が普及し、近代科学の礎が築かれた世紀である。ガリレイ、ケプラー、ニュートン、フランシス・ベーコン、デカルト、パスカル、スピノザ、ライプニッツが、いずれもこの世紀に重要な業績を残した。本章の最後では、哲学者デカルトが三十年戦争の終結を祝って作ったバレエについて述べよう。

絶対王政を支えた宮廷バレエ

十七世紀のフランスは、アンリ四世、ルイ十三世、ルイ十四世という三代の国王の下で、内政と外交に常に緊張を孕《はら》みつつも王権を強化し、絶対王政を完成させていった。絶対王政は、中世の封建制社会の解体後、近代の資本制社会が確立する前に、いわば近代化の過渡期に出現した政治体制であり、ハプスブルク朝スペイン、テューダー朝イギリス、ブルボン朝フランスを典型としている。絶対王政においては王権が絶対視され、国王が国土と国民を一元的に統治した。この国王の統治形態は、さまざまな「社団」を介していたので、「社団国家」とも呼ばれる。社団とは、国王が特権を認めた中間団体のことである。

王権を直接的に支えたのは、没落しつつある封建貴族階層と、力をつけつつあったブルジョワジー（有産市民階級）であった。貴族は国王に免税特権などを与えられ、官僚や軍人となって王権を支えた。富裕な市民も国王に独占権を保証してもらい、国家の財政を支えた。このように絶対王政は、階級間のバランスと社団のコントロールによって、国民を身分的な階層秩序に編成して統治する特徴を有していた。

国民を身分的な階層秩序に編成するためには、法的な強制や経済的な利益誘導だけでなく、絶対王政に見合った社会意識の醸成も不可欠だった。当時、社会意識を醸成する有力な装置となったのは、儀式・儀礼である。社会学や文化人類学の知見から明らかなように、儀式・儀礼は、共同体のメンバーが感情と思考を共有し、共同体の価値観を再確認するための効果的な仕掛けとして、古代から現代に至るまで強力に機能し続けている。

絶対王政は、非日常的な典礼・祝祭と日常的な礼儀・礼法によって、国王を頂点とする社会制度と身分意識を絶えず確認する仕掛けを用意した。そして、ブルボン朝フランスでは、宮廷生活における儀式・儀礼のフォーマットとして、バレエが最大限に利用されたのである。

十七世紀のフランスでは、詩、演劇、音楽、舞踊を統合した宮廷バレエが無数に制作された。宮廷バレエは、舞踊のみが独立していないという点で、現代のバレエとだいぶイメージが異なっている。宮廷バレエの構成は、冒頭の短いプロローグの後、ストーリーのある舞踊劇の場面がいくつも続き、最後にストーリーとは関係なく、舞台に幾何学的図形を描く短いダンスが演じられるという流れであった。それぞれの場面は「アントレ」と呼ばれ、最後のアントレで踊られるフィナーレのダンスは「グラン・バレエ」と呼ばれていた。アントレは、元来は「入場」の意味だが、当時は舞踊劇の一幕を指す言葉として使われた。

筋立てを決める台本は、ギリシア・ローマの神話などを題材にして詩人や戯曲作家が作った。出演者が詩を朗読したり、台詞《せりふ》を発したりすることもあった。演出・振付を行うのはバレエ教師である。音楽は、当初はバレエ教師が作曲することも多かったが、次第に作曲家が分業するようになった。演じるのは、国王を含めた王族・貴族たちが中心であるが、テクニックのあるバレエ教師や道化役者も演技に加わった。配役ごとに衣装と仮面を身につけ、演技にはパントマイムを用いた。舞台は、建築家が設計して宮廷の大広間や庭園に仮設し、しばしば千を超える人数の観客が、舞台を取り囲んで鑑賞した。

このような宮廷バレエは、王侯貴族が自らの権威を高めるための臣民向けアトラクションという意味を保持しつつ、国王を頂点とする社会制度を追認する儀式としても機能するようになっていった。そして、非日常的な典礼・祝祭においては言うに及ばず、日常的な礼儀・礼法においても、バレエ的な所作が、例えば背筋を伸ばした歩き方、優雅なお辞儀の仕方、気品のある立ち居振る舞いが、宮廷生活のマナーとなってゆくのである。

一方で、ルネサンス期の宮廷バレエが目指していた新プラトン主義的な理念は、徐々に薄らいでゆく。フランス最初のバレエ振付家と呼ばれたボージョワイユーのような「舞踊と音楽により神の調和と秩序に近づく」といった考えは衰え、バレエは、宮廷生活における実用的な礼儀作法と見なされるようになっていったのである。

ルイ十三世時代のバレエ

ルイ十三世（在位一六一〇～四三）は、リシュリュー枢機卿《すうききょう》を宰相として政治を行い、内政では貴族権力の奪取とプロテスタントの弾圧、外交では三十年戦争への参戦と海外進出で王権を強化させた国王である。アレクサンドル・デュマの小説『三銃士』で、主人公ダルタニャンたちの近衛銃士隊が仕えた国王としても知られている。

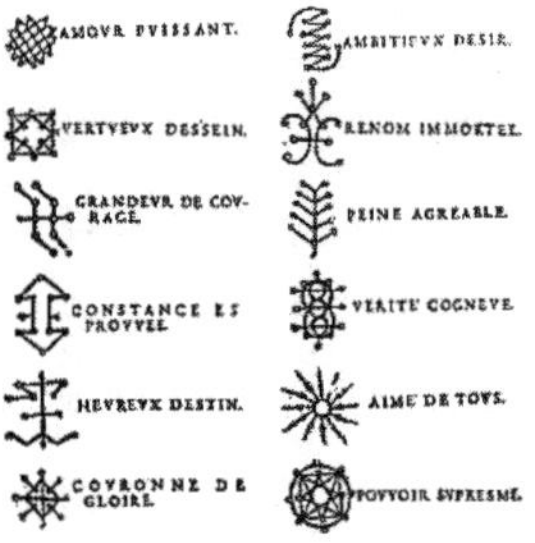

図3－1　《ヴァンドーム公のバレエ》で描かれた図形

ルイ十三世はアンリ四世とマリー・ド・メディシスの長男として生まれた。マリーはメディチ家出身で、カトリーヌ・ド・メディシスの遠い親戚にあたる。アンリ四世は、サンバルテルミの虐殺の時にカトリーヌの三女マルグリット・ド・ヴァロワと結婚したが、子を作らないまま一五九九年に離婚し、政略でマリーと再婚した。マルグリットの波乱万丈の人生は、デュマが小説『王妃マルゴ』に描いている。

マリーは、毎週日曜日に自分の居室でバレエ公演を催すほどのバレエ愛好者だった。息子のルイ十三世にも幼少期からバレエを習わせ、八歳の時、《ヴァンドーム公のバレエ》でステージデビューさせた。一六一〇年一月、ルーブル宮殿の大広間で上演されたこの作品は、国王アンリ四世の愛妾が産んだ息子であるヴァンドーム公の結婚を祝う行事として上演されたものである。十四歳のヴァンドーム公が魔女アルシーヌを演じたため、別名《アルシーヌのバレエ》とも呼ばれている。

《ヴァンドーム公のバレエ》は、十のアントレから構成されていた。魔女アルシーヌが登場し、遍歴の騎士たちに魔法をかけ、大きな塔、風車、植木鉢、ヴァイオリン、フクロウなど、次々と奇天烈《きてれつ》なものに変えてしまう。しかし、最後は国王の威光により、アルシーヌの魔法が解けるというあらすじだった。最終場面のグラン・バレエでは、図3―1のような十二種類の幾何学的図形がダンスで描かれた。

《マダムのバレエ》

このバレエから四ヵ月後（一六一〇年五月）、五十六歳のアンリ四世が暗殺される。ルイ十三世は八歳にして国王となり、母后マリーが摂政を務めることになる。マリーは、カトリーヌと同じく権力欲が旺盛《おうせい》な性格だったが、カトリーヌのような政治的才覚は乏しく、寵臣を重用して自己中心的な政策を行ったため、政治的混乱をもたらした。一方でマリーは、イタリアから多くの芸術家を呼び寄せ、イタリアの先進的な文物をフランス宮廷に持ち込んだという点で、カトリーヌと同じような文化的貢献をしている。

一六一四年、ルイ十三世が十三歳の誕生日を迎えて成人となったので、母后マリーは摂政を退いたが、事実上、彼女が国家権力を握り続ける。まもなくマリーは、同時期に二つの政略結婚を成立させた。すなわち長男のルイ十三世にはスペイン王フェリペ三世の王女アンヌ・ドートリッシュを娶《めと》らせ、長女のエリザベートは、フェリペ三世の王子（後のフェリペ四世）に嫁がせることを決めた。ブルボン家とハプスブルク家との間の二重の政略結婚である。しかし、フランスの宿敵ハプスブルク家との婚儀は、前国王アンリ四世の外交方針を反故《ほご》にする政略であり、多くの有力な貴族たちは不満を募らせていった。

一六一五年三月、この二つの婚儀に七ヵ月先立って、婚約を祝って上演されたのが《マダムのバレエ》である。「マダム」とは王女エリザベートを指しており、エリザベートが主役のミネルヴァ役を踊ったため、《ミネルヴァの凱旋《がいせん》》とも呼ばれている。ミネルヴァは、《王妃のバレエ・コミック》にも登場した知恵と戦争の女神である（第2章）。母后マリーにとってこのバレエは、宮廷内の反対を押し切って行う結婚だけに、豪華なアトラクションによって自分の権威をアピールする意図があったに違いない。

《マダムのバレエ》は七つのアントレから構成されていた。ルーブル宮殿に隣接するプチ・ブルボン宮殿の大広間に二メートルの高さの舞台が設置され、ルイ十三世と、その婚約者アンヌも出演した。クライマックスは、エリザベートが女神ミネルヴァの扮装《ふんそう》をして豪華な山車に乗って登場するグラン・バレエだった。

《ルノー救出のバレエ》

《マダムのバレエ》が母后マリーの計画した政略結婚に伴う宮廷バレエだったのに対し、次に紹介する《ルノー救出のバレエ》は、ルイ十三世の政治的意図が込められた作品だった。

一六一七年一月に上演された《ルノー救出のバレエ》は、ルイ十三世自らが制作を手掛けた。台本は、ルネサンス期イタリアの詩人タッソの叙事詩『エルサレム解放』より、魔女アルミーダとルノーの物語が原作となっている。ルーブル宮殿で上演されたときはたいへんな人気で、混雑のあまり開演時刻が遅れたほどであった。

《ルノー救出のバレエ》も七つのアントレから構成されていた。タッソの叙事詩は、第一回十字軍を舞台にして、司令官ゴドフロワ・ド・ブイヨンの率いるキリスト教騎士たちが異教徒と戦う物語である。まず魔女アルミーダが登場して、十字軍最強の騎士ルノーを誘拐する。アルミーダはルノーを愛してしまい、自分の宮殿に閉じ込め、魔法で十字軍のことを忘れさせる。騎士たちがルノーを救出しようとするが、アルミーダは魔物を召喚して彼らを寄せつけない。図3－2は、五番目の場面（第五アントレ）で、アルミーダに従う魔物たちが、ザリガニ、カメ、

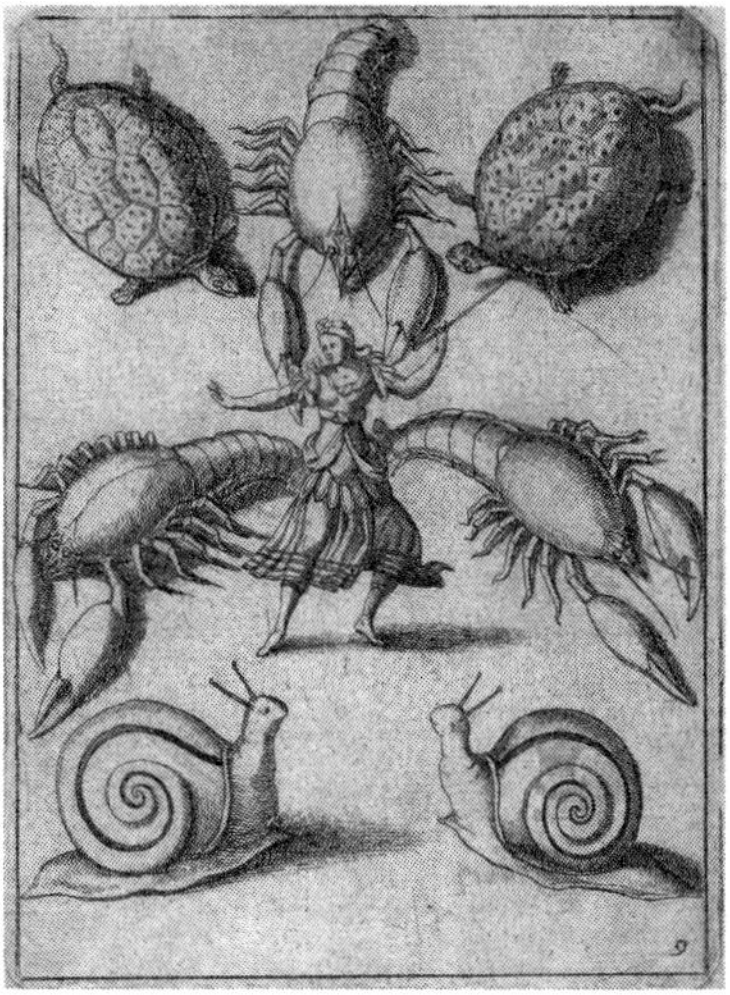

図3－2　《ルノー救出のバレエ》解説書の挿絵

カタツムリの姿で登場した情景の絵である。最終場では、ルノーは救い出されて、十字軍に復帰する。当時、十五歳のルイ十三世は、まず火の悪魔の役を踊り、次にゴドフロワ・ド・ブイヨンの役、そして最後は太陽の役で登場した。

《ルノー救出のバレエ》の物語は、ルイ十三世自らが選んだものである。この物語で彼は、自分を異教徒と戦う十字軍の英雄に見立てているのみならず、母后マリー・ド・メディシスの支配から解放されて、自らが政治の実権を握ることを象徴的に宣言している。自分の母親を魔女アルミーダに見立てたのである。このバレエから三ヵ月後、ルイ十三世は腹心らと共謀して宮廷クーデターを起こす。母后マリーの寵臣《ちょうしん》は粛清され、母后は幽閉された。しかし、争いは収まらず、しばらくは母子の対立が政治的な波乱をもたらした。

さて、ルイ十三世は、その後も三十五歳頃まで宮廷バレエに出演し続けている。王権の威光を示すような役、例えば太陽の役などが多かったが、滑稽な役も好んで踊り、時には女性の役も演じた。デュマの『三銃士』で描写されて有名になった《メルレーゾンのバレエ》(一六三五)では、国王自身が音楽を作曲している。そして、彼のバレエ好きとバレエの政治利用は、結婚して二十三年後にようやく生まれた嫡男、ルイ十四世へと受け継がれる。

ルイ十四世は、ルイ十三世とスペイン王女アンヌ・ドートリッシュの間に、すなわちかつて《マダムのバレエ》で祝福された二人の子として生まれた。四歳で即位し、七十六歳で没するまで君臨した国王で、七十二年という在位年数はフランス史上最長である。彼が幼い間は宰相であるマザラン枢機卿が実権を握っていたが、一六六一年、マザランの死後に親政を開始した。当時ヨーロッパで最強の陸軍力を手にしていた彼は、周辺諸国への侵略戦争を頻繁に行い、海外植民地の拡大、産業の保護にも努めてフランスの国威を高めた。一方で、国家財政の悪化を招き、フランス革命の遠因を作った。

バレエ史におけるルイ十四世の貢献は、大きく二つある。第一に、若い頃に好んでバレエを踊り、国王を頂点とする宮廷生活と政治制度の中枢にバレエを組み入れたこと、第二に、王立舞踊アカデミーと王立音楽アカデミーを設立して、バレエという芸術の体系化と理論化、バレエダンサーの専門化と職業化を推進したことである。まずは自ら好んで踊った国王としての姿を紹介しよう。

ルイ十四世は七歳からバレエを習い始め、一六五一年、十三歳の誕生日（成人）を半年後に控えて《カッサンドラのバレエ》でステージデビューした。十五のアントレから構成されたバレエで、ルーブル宮殿に近いパレ・ロワイヤルで上演された。ルイ十四世は以後十九年間、三十一歳の時にモリエールの《豪勢な恋人たち》で踊り納めるまで、およそ四十の作品に出演し続けた。ルイ十四世の身長は一六〇センチほどで当時としても低く、背丈を高く見せるためにハイヒールの靴と鬘を愛用していた。忙しい政務のかたわら毎日バレエのレッスンを欠かさず、舞踊技術と演技力は、宮廷内で傑出していたと言われている。

ルイ十四世がステージデビューした頃、フランスは「フロンドの乱」（一六四八〜五三）のさなかであった。フロンドの乱は、宰相マザランの政治に反発した貴族層が起こした反乱であり、パリの民衆反乱や地方の農民一揆《いっき》も勃発して、フランスは内戦状態に陥った。反乱軍は繰り返しパリを占拠し、そのたびに国王もマザランも地方への退避を余儀なくされた。《カッサンドラのバレエ》が上演される直前には、マザランはドイツへ亡命している。しかし、まもなく反乱は鎮圧された。フロンドの乱はフランスにおける封建貴族の反乱としては最後のもので、以後貴族権力はいっそう弱体化し、ルイ十四世の絶対王政は盤石となる。

《夜のバレエ》——太陽王の誕生

一六五三年二月、ルーブル宮殿のプチ・ブルボン大広間で上演された《夜のバレエ》は、十七世紀の宮廷バレエで最も有名な作品である。これはフロンドの乱を鎮圧した国王軍の勝利を寿ぐ祝賀行事の一部であり、マザラン自らが明確な政治的意図をもって企画した舞台であった。マザランの目的は、フロンドの乱で傷ついた国王の権威を回復し、中央集権の体制を強化することであった。そのもくろみは成功した。絢爛豪華《けんらんごうか》な《夜のバレエ》は評判となり、クライマックスで太陽神アポロンを演じたルイ十四世は、自らを太陽になぞらえるイメージ戦略を一歩前進させた。ルイ十四世が「太陽王」と呼ばれるようになったのは、このような宮廷挙げてのイメージ戦略の結果である。

《夜のバレエ》は四部構成で、四十三ものアントレから構成されていた。日没から翌朝の夜明けまで、上演時間が十二時間にも及ぶ超大作で、四つのパートに三時間ずつが割り当てられていた。台本は、《カッサンドラのバレエ》で台本を担当した宮廷詩人が書いた。第一部は午後六時から九時まで上演され、田園と都会の出来事を描く十四のアントレ。冒頭、「夜」の役のダンサーがフクロウの牽く雲の戦車に乗って登場し、その「夜」を十二人の「時」の役のダンサーたちが取り囲む。王国に住むさまざまな人びと、男たち、女たち、猟師、羊飼い、商人、盗賊、乞食、トリックスターなどが次々と登場する。ルイ十四世は「時」の一人を演じた。第二部は午後九時から深夜〇時までで、余興の芝居や仮装舞踏会などの六つのアントレ。ヴィーナスが「遊び」や「笑い」の役を従えて登場する。ルイ十四世は、カードやサイコロで飾った衣装を着て「遊び」の役を演じた。第三部は深夜〇時から午前三時までで、混乱と悪夢を描く十三のアントレ。「月」の役が戦車に乗って登場し、「星」たちを引き連れて空から降り立つ。悪魔、魔女、狼男、呪術師が登場し、火事に男たちが逃げまどう。ルイ十四世は「炎」の役と「好奇心」の役を演じた。

そして第四部は午前三時から六時までで、十のアントレからなっていた。その前半で、国王は「怒り」の役を演じた。朝まで続いたバレエもついに最終場面のグラン・バレエとなり、いよいよ太陽神アポロンに扮したルイ十四世が二輪馬車に乗って登場する。その衣装は全身金色で、ルビーや真珠などの宝石で飾り立てた豪華なものだった（図3－3）。太陽神の出現で夜と闇の支配による混乱と悪夢は解消し、王国に夜明けがもたらされて大団円となった。

図3－3　《夜のバレエ》のアポロンの衣装

このように《夜のバレエ》のストーリーは、若い国王を昇る朝日に見立て、国王による国家の安寧と統一を象徴するものであった。大掛かりな政治的なデモンストレーションである。この重厚長大な宮廷バレエは、国王の神格化に資する絶対王政のプロパガンダとして、翌三月の中旬まで八回も上演されている。

ただし、ルイ十四世は、アポロンのような偉大で神がかった役ばかりを踊っていたわけではない。演技の達者なルイ十四世は、あえて端役を演じて臣下を喜ばせることを厭《いと》わなかった。この点は、父ルイ十三世と同じである。例えば一六五五年の《享楽のバレエ》では、国王は冒頭で「平和」の役、第二十三アントレで舞踊の精霊を演じた他に、第十二アントレでエジプト人、第十三アントレで酔っ払いの遊蕩《ゆうとう》者を演じている。

このようにしてルイ十四世の時代には、国王が出演するバレエは宮廷行事としてますます重要になった。そして国王を頂点とする宮廷生活において、バレエ的な所作は王侯貴族の標準的な身体動作となってゆく。この時代、貴族の子弟は必ずバレエを習い、バレエの下手な貴族は出世に響いたと言われている。

王立アカデミーの創設

ルイ十四世のバレエ史におけるもう一つの貢献は、二つのアカデミーを設立し、バレエの理論化とバレエダンサーの専門化を推し進めたことである。バレエの理論化は王立舞踊アカデミーを中心に進められ、バレエダンサーの専門化は王立音楽アカデミーで進展した。

アカデミーとは、学問・芸術の振興のための研究教育機関であり、本書でもすでにメディチ家のプラトン・アカデミー（第1章）とバイフの詩歌音楽アカデミー（第2章）を紹介した。十七世紀には、アカデミーはその国における学問・芸術を発展させるための最高機関として、存在感を増してゆく。国王はアカデミーに勅許状を与えて保護すると同時に、徹底した検閲と統制を行った。アカデミーの会員は厳格に選ばれて登録され、国家から年金を支給され、その代わり、定められた規則に従って活動することが義務づけられた。

一六六一年、親政を始めたルイ十四世は、財務総監となるコルベールの力も借りて、王立アカデミーを次々と創設する。数あるアカデミーのなかでも、最初に創設したのが王立舞踊アカデミー（一六六一）である。続いて王立絵画アカデミー（六三）、王立彫刻アカデミー（六三）を創設し、さらに王立科学アカデミー（六六）、王立音楽アカデミー（七一）、王立建築アカデミー（七一）を創設した。

王立舞踊アカデミーの目的は、舞踊芸術としてのバレエのスタンダードを確立すること、正統なバレエ教育を普及させることで、最初のアカデミー会員は十三人だった。王立舞踊アカデミーは国家公認のバレエ教師を養成する研究機関となり、教師の認定試験が実施された。そして、このアカデミーの会員に選ばれ、後にその総裁となり、アカデミーを足場としてバレエの理論化に取り組んだのが、「すべてのバレエマスターの父」と呼ばれるピエール・ボーシャン（Pierre Beauchamps, 1631–1705）である。

ボーシャンはパリの宮廷ヴァイオリニスト一族の家に生まれ、ヴァイオリンとバレエを学び、一六四八年に宮廷バレエのダンサーとしてデビューした。王室に仕えて若いルイ十四世の個人教師となり、二十年以上にわたって毎日のバレエレッスンを指導し続けた。また、前述の《夜のバレエ》、《享楽のバレエ》にはダンサーとして出演し、国王と共に踊っている。一六六一年には「王のバレエ」の第一監督官に任命され、宮廷で上演されるすべてのバレエの責任者となった。以後、宮廷バレエの振付家として多くの作品を制作し、時にはバレエのために作曲をし、管弦楽の指揮も行った。

ピエール・ボーシャンの功績

では、ボーシャンがバレエ史に刻んだ功績を、創作面と理論面に分けて説明しよう。

バレエの創作においては、劇作家モリエール、作曲家ジャン＝バティスト・リュリと組んで、「コメディ・バレエ」と呼ばれる新しいバレエを創り出した。モリエールはボーシャンの遠い親戚であった。

ルイ十四世の親政が始まると王権は安定し、《夜のバレエ》のような政治的なデモンストレーションとしての大掛かりな宮廷バレエはあまり必要とされなくなった。そこで登場したのがコメディ・バレエである。コメディ・バレエは、それまでの宮廷バレエとは異なり、市民の日常的な出来事を題材とした喜劇で、台詞、歌、バレエを組み合わせた新しいスタイルの舞台であった。

一六六一年、ボーシャン、モリエール、リュリの三人が作った最初のコメディ・バレエは《はた迷惑な人たち》（別名：うるさ方）である。これは若い貴族の恋愛を描いた喜劇で、ルイ十四世の前で初演して大いに喜ばれ、その後、パリ市民向けの上演でも大成功を収めた。第二作の《強制結婚》（六四）は中年男性の結婚を巡る喜劇で、ルーブル宮殿で初演され、これには国王自身も出演している。また、モリエールの傑作にも数えられる《町人貴族》（七〇）は、フランス北中部のルイ十四世の居城、シャンボール城で初演された。これは貴族に憧れる大金持ちの商人を主人公にした物語で、宮廷の礼儀作法や慣習をもからかう風刺のきいた作品だった。他にルイ十四世が最後に踊った《豪勢な恋人たち》（別名《王のディヴェルティスマン》）（七〇）を含め、三人の協働で少なくとも九つのコメディ・バレエを作っている。

バレエの理論化においては、ボーシャンの最大の業績は、バレエにおけるポジション、ステップ、ムーヴメントの体系化を始めたことである。とりわけ彼が示した第一から第五までの足のポジションは、世界中のバレエダンサーが習う基本的な姿勢として、三百五十年を経た今でも変わっていない（序章）。ボーシャンこそ、ターンアウトをした脚の基本ポジションを明確に整理して、王立舞踊アカデミーで「ダンス・デコール」を創始した人物である。

ただしボーシャンと現在のバレエでは、ターンアウトの角度がだいぶ異なっている。図3

図3－4　ラモーによる脚の五つのポジション

ー4は、ボーシャンの弟子であるピエール・ラモーの著書に示されている五つのポジションである。確かに両足をターンアウトしているが、爪先を外へ開く角度は四五度位だ。現代のバレエでは、股関節から下肢全体を外旋して爪先を外へ九〇度開き、第一、第二ポジションでは、両足を一直線にするが、バロック期のバレエでは、そこまでの外旋は求められていなかった。むしろ曲芸のような誇張した演技にならないように、四五度より開かないことが上品であると考えられていた。

ダンス・デコールの起源は、宮廷で王侯貴族が優雅な仕草で振る舞うための技術である。バレエを踊るためのみでなく、日常生活でどのような姿勢、動作であれば貴族らしく上品で優美に見えるのかが重要であった。ダンス・デコールは、優雅さを表現するためのテクニックだと言ってよい。このことについては、終章でも検討したい。

舞踊記譜法の発明

バレエの理論化におけるボーシャンのもう一つの大きな業績は、振付を標準的な記号体系で紙上に記録する方法、すなわち舞踊記譜法を考案したことである。第1章でも述べたが、音楽界では十世紀頃から譜線を引いた楽譜が用いられるようになり、十三世紀には長短を識別する音符が発明され、十五世紀には現代の五線譜に近い記譜法ができあがっていた。しかし、舞踊においては、ダンサーの舞台上の軌跡を図解したり、振付家が独自の略語や記号で覚え書きを作ったりすることはあっても、広く共有される標準的な記号体系は存在していなかった。

一六七〇年代、フランスではルイ十四世の命令により、何人ものバレエマスターが舞踊記譜法の開発に取り組んだ。そのなかで有力だったのがボーシャンの記譜法であった。しかし、ボーシャンは記譜法を出版物として公刊しなかった。

当時考案されて、以後長く使われている記譜法は、「ボーシャン・フィエ記譜法」あるいは単に「フィエ記譜法」と呼ばれている。これはラウール＝オージェ・フィエ（**Raoul-Auger Feuillet, ca.1660–1710**）というバレエ教師がボーシャンの記譜法を参考にしてまとめた記譜法で、一七〇〇年、『コレグラフィあるいは人物・図形・指示記号による舞踊記述法』という著書で公刊したものを起源としている。フィエ記譜法では、一枚の譜面に、楽譜と振付を同時に記録する。楽譜は五線譜で記録され、振付は、ダンサーの舞台上の軌跡を平面図で示し、その軌跡上のある地点での身体動作を記号で示す（図3－5）。

フィエの著書は、英語やドイツ語など数ヵ国語に翻訳された。十八世紀初頭には、フィエ記譜法を用いた宮廷バレエの振付集が多数出版され、バレエがフランス国外へ広がるきっかけとなった。しかし、一七〇四年、ボーシャンは、自分の考案した記譜法をフイエが剽窃《ひょうせつ》したとして訴訟を起こしている。翌年、ボーシャンが亡くなったので、裁判ははっきり決着しないままに終わった。

舞踊記譜法はバレエの記録と普及に役立った。十五世紀のイタリアで、ドメニコとグリエルモが文字で記録したバレエは、十七世紀のフランスで、ボーシャン、フイエによって抽象的な記号で記録されるものとなり、バレエは自らを分析する「自己変革の力」を宿す芸術としての歩みを一歩先に進めたのである。

図3－5　フイエ記譜法の例

パリ・オペラ座バレエ団の誕生

一六七一年、ルイ十四世はバレエに関わるもう一つのアカデミー、王立音楽アカデミーを創設した。このアカデミーがパリ・オペラ座バレエ団の起源である。パリ・オペラ座バレエ団は世界最古のバレエ団であり、その芸術性と技術水準において、現在でも世界最高レベルを誇っている。

王立音楽アカデミーには前身組織があった。一六六九年にピエール・ペランという詩人が、イタリアで流行していた新しい舞台芸術「オペラ」をフランスで上演するために創設した組織、「オペラ・アカデミー」である。ルイ十四世は、オペラにおいてフランスがイタリアに後れを取らないように、ペランのアカデミーに勅許状を与えた。そして当時のオペラは歌だけではなく、必ずバレエを伴っていた。

しかし、オペラ・アカデミーは経営に失敗し、ペランは巨額の負債を抱えてしまう。その機を逃さず同アカデミーの営業権を買い取ったのが、作曲家のリュリである。リュリはフィレンツェ生まれのイタリア人で、一六五二年からヴァイオリニスト兼ダンサーとしてルイ十四世に仕えていた。《夜のバレエ》には、ダンサーとして国王、ボーシャンと共演している。ルイ十四世はリュリをたいへん気に入り、一六六一年に宮廷音楽監督に任命し、さらに七二年、オペラ・アカデミーから名前を変えた王立音楽アカデミーの監督に任命した。その後十五年間、リュリは国内の音楽演奏に関して強い許認可権を持つ独裁者となった。

王立音楽アカデミーの初代のバレエマスター（フランス語で「メートル・ド・バレエ」）には、ボーシャンが就任した。バレエマスターとは、今で言えば舞踊部門を取り仕切る芸術監督である。そしてボーシャンの下でバレエダンサーの専門化、職業化が進んだ。その前触れとなったのは、上述のコメディ・バレエ《町人貴族》だった。この作品にはアマチュアの王侯貴族が出演せず、専門のダンサー、俳優のみが出演した。バレエは、王侯貴族が踊る宮廷バレエの時代から、職業的なダンサーが踊る「オペラ・バレエ」の時代へと移り変わってゆくのである。

「オペラ・バレエ」は、コメディ・バレエの後にフランスで流行した作品スタイルである。踊りの比率が増えてオペラ（歌）とバレエが対等な関係で上演されるのが特徴で、宮廷バレエと同じように多くの場面（アントレ）で構成されていた。しかし、場面と場面のつながりは緩やかで、作品を通しての演劇的な一貫性は特になく、派手で豪華な衣装と装置を使って観客を楽しませることを主眼とした形式であった。

劇場舞踊となったバレエ

王立音楽アカデミーで上演されたオペラ・バレエは、最初のうちは職業的なダンサーの数が限られていたため、王侯貴族が職業的ダンサーと一緒に出演していた。しかし、バレエの技術が高度化するにしたがって、実演者と鑑賞者の区別がはっきりとしてくる。バレエは、訓練によって高度な技術を身につけたプロのダンサーが踊るものに変わってゆくのである。

同時に、上演場所にも変化が生じた。それまでは宮廷の大広間や貴族の邸宅で踊られることが多く、大掛かりな場合は仮設の舞台が設営されていた。それが十七世紀後半になると、専用の劇場で踊られることが多くなる。王立音楽アカデミーもオペラ・アカデミーの時代から専用の劇場を有しており、一六七三年からはパレ・ロワイヤル劇場が本拠地となった。舞台と客席の関係も、舞台の三方を客席が取り囲む形状だったものが、この時代にイタリアで発祥したプロセニアム・アーチ方式（額縁舞台）が普及し、客席が舞台から明確に切り離されるようになった。実演者と鑑賞者はますます分離する。このようにして十七世紀の末に、バレエは宮廷舞踊から劇場舞踊へと変容してゆく。

当初の職業的ダンサーは男性ばかりで、女性の役も男性が演じていた。そもそも宮廷に勤務する貴族は男性が中心の時代である。しかし、まもなくプロのバレリーナ（女性バレエダンサー）が誕生する。王立音楽アカデミーが一六八一年に上演した《愛の勝利》は、リュリが作曲し、ボーシャンが振付けた先駆的なオペラ・バレエで、初めて四人の職業的女性ダンサーが出演したことで知られている。四人のなかでもラフォンテーヌ嬢（Mademoiselle de Lafontaine, ca.1655-ca.1738）の優美な踊りが注目を集め、彼女は以後も同アカデミーの十八の作品で主役を務めて、「史上初のバレリーナ」と称されている。

さて、その後の王立音楽アカデミーは二十回以上も名称を変え、本拠地の劇場も十回以上移転を繰り返し、三百五十年後の現在、パリのガルニエ宮を拠点としてオペラとバレエを上演する国営組織「パリ国立オペラ座」へとつながっている。本書では名称の細かな変更・差異には触れず、王立音楽アカデミーからパリ国立オペラ座に至る一連の組織を、以後「パリ・オペラ座」と呼ぶことにする。

哲学者デカルトのバレエ

本章の最後に、デカルトが晩年に作ったバレエを紹介しよう。

ルネ・デカルトは、合理主義哲学の祖として十七世紀の科学革命を牽引《けんいん》した哲学者・数学者である。彼は十歳から十八歳までイエズス会の学校で学んだときに舞台芸術に親しんだ。当時のイエズス会は神学、哲学以外に演劇、舞踊を重視した教育を行っていた。音楽、バレエを組み入れた華麗な舞台である「イエズス会演劇」は、演劇史に名を残している。

デカルトはフランス生まれだが、三十二歳の時にオランダへ移住した。彼の代表作『方法序説』、『省察』、『哲学原理』は、すべてオランダで執筆されている。著書の出版によってデカルトの名声は広まり、熱烈な支持者を増やした。そのような支持者の一人が、スウェーデンの若き女王、クリスティーナであった。

デカルトは五十二歳のとき、クリスティーナ女王から、スウェーデン宮廷へ招聘《しょうへい》する旨の親書を三度受け取った。二十二歳の女王は、スウェーデン海軍提督に軍艦で彼を迎えに行かせるほどの熱心さで、初めは気乗りしなかったデカルトも、ついにはストックホルムへ赴いた。そして一六四九年、女王に乞われるままデカルトが台本を書いた宮廷バレエが、《平和の誕生》である。女王の依頼した作品のテーマは、前年のウエストファリア条約締結による平和の到来であった。

スウェーデンは、三十年戦争の戦勝国である。プロテスタント派の国としてハプスブルク家の神聖ローマ帝国軍と戦って勝利している。ウエストファリア条約でカトリックとプロテスタントの和平が成立したのは、三十年戦争の最中に即位したクリスティーナ女王の政治的手腕の功名でもあった。またスウェーデンの宮廷にフランスの宮廷バレエを初めて導入したのもクリスティーナであった。このような経緯でデカルトのバレエは誕生した。

《平和の誕生》は二十のアントレからなる宮廷バレエで、クリスティーナ女王の誕生日である十二月六日に、ストックホルムの王宮で、スウェーデンの王侯貴族の出演によって上演された。女王自らは「パラス」役を演じている。パラスとは、ギリシア神話の知恵と戦争と学芸の女神、アテナの別名である。デカルトの作った台本には、戦場でのおびただしい死、兵士による略奪行為、怯えて逃げまどう市民、農地を荒らされて困窮する農民、負傷して障がい者となる兵士など、戦争の悲惨な情景が組み込まれていた。平和を祝うために戦争の負の側面を描いた点で、事実を重んじた科学者らしい台本である。実際、三十年戦争は市民・農民にはなはだしい苦難を与え、各国を荒廃させた戦争だった。

年が明けて五〇年一月より、デカルトはクリスティーナ女王を相手に、毎朝五時からの個人講義を開始する。しかし、オランダで朝寝の習慣があったデカルトは、早朝からの仕事とストックホルムの寒気に馴染めなかった。彼は二月に風邪をこじらせ、肺炎を併発して亡くなってしまう。デカルトが作ったバレエは《平和の誕生》のみであった。

第4章　オペラと一体化したバレエの流行
——ロココ期フランス

十八世紀前半のヨーロッパ

本章では十八世紀前半のバレエについて、①「オペラ・バレエ」という上演形式の流行と、②スターダンサーたちによる舞踊技術の改革という二つの視点から整理する。十八世紀前半のヨーロッパは、アジア・アフリカに対する植民地支配が進み、フランスには啓蒙思想が登場した時代である。

経済においては、イギリスがオランダの海上覇権を奪い、フランスとの植民地戦争に勝利して新たな最強国となった。イギリスとフランスは世界各地で覇権を争うが、両国の戦いは、ヨーロッパ（七年戦争）、北米（フレンチ＝インディアン戦争）、インド（プラッシーの戦い）のいずれでもイギリスを利する結果となった。イギリスは北米の領土とインドの支配権を得て、一七六〇年代に第一次植民地帝国（第一帝国）を完成させる。

政治的には、イギリスとフランスの植民地戦争を契機として、十八世紀後半に続発する市民革命の火種が育った時代である。北米東海岸には、三二年のジョージア州の設立で、イギリス植民地十三州が完成した。フランスは、イギリスとの植民地戦争が原因で、国家財政が深刻な状態へと向かってゆく。一方中欧では、一七〇一年にプロイセン王国が誕生し、フリードリヒ一世、フリードリヒ二世の下で強大化していった。

文化的には「ロココ様式」と「啓蒙思想」が出現した。ロココは、バロックと同じく宮廷文化として栄えた芸術様式であるが、重厚で劇的な構成を特徴とするバロックとは対照的に、繊細、軽快な華麗さを特徴としている。絵画では、ワトー、ランクレ、ブーシェが活躍した。音楽は、バロック音楽から古典派への移行期にあたり、ヴィヴァルディ、ヘンデル、バッハの時代である。

啓蒙思想とは、理性を重視し、社会にはびこる迷信・偏見や非合理的な慣習を拒否して人間性の解放を目指す思想であり、十八世紀前半のフランスに登場した。この徹底した批判精神は、絶対王政下の「アンシャン・レジーム」（旧体制）を糾弾し、市民革命の思想的背景となった。ヴォルテールが『哲学書簡』（一七三四）、モンテスキューが『法の精神』（四八）を公刊した時代である。本章後半では、ヴォルテールとモンテスキューの支援を受けたバレリーナを紹介する。

オペラ・バレエの流行

太陽王と呼ばれたルイ十四世が亡くなる二年前、一七一三年に『オペラ座に関する政府規則』が制定された。この規則は二つの意味で、バレエダンサーの専門化・職業化にとって画期的であった。

第一に、この規則によってパリ・オペラ座は国家機関として正当なものとなり、専属のアーティストは国家公務員に位置付けられることになった。専属実演家の定員（歌手十四人、ダンサー二十四人）、給与・賞与・年金の金額、遅刻・欠勤に対する罰金などが規則として定められた。第二に、この規則によって、職業的なダンサーを育成するための教育機関が正式に発足した。現在まで続く「パリ・オペラ座バレエ学校」の誕生である。バレエの技術は次第に高度化し、舞台でプロダンサーとして踊るためには、長期間にわたる体系的な教育が必要となっていた。このバレエ学校は九〜十三歳の男女を対象とし、無料であった。こうしてパリ・オペラ座は、芸術的な基盤を確固なものにしたのである。

ルイ十四世の死後、フランスはルイ十五世、ルイ十六世という二代の国王を経て、大革命へ突入していく。この二人の王の治世は、美術史におけるロココ時代とほぼ重なっている。

ルイ十五世はルイ十四世の曾孫であり、わずか五歳で即位したため、ルイ十四世の甥のオルレアン公フィリップ二世が摂政として政務を取り仕切った。一七四三年から親政を始めたが、バレエには強い関心を抱かなかった。十五世にとってのバレエは、国王として劇場の一番目立つ貴賓席に座り、人目に晒《さら》されながら鑑賞するものにすぎなかった。

この時代にフランスで流行したのが「オペラ・バレエ」である。前章では「オペラ・バレエ」について、①オペラ（歌）とバレエの関係が対等、②宮廷バレエと同じく、多くの場面（アントレ）で構成、③場面のつながりは緩やかで演劇的な一貫性がない、④豪華な衣装と装置を使いスペクタクル性が強いといった特徴を説明した。さらにつけ加えるならば、⑤神話・伝説ではなく、同時代の風俗を好んで主題とするという特徴がある。とりわけ人々が好んだのは、異国情緒のある場面だった。これらの特徴のうち③、④、⑤は、要するに気軽に誰もが楽しめる作風ということであり、繊細、軽快な華麗さ、ある種の軽薄さを特徴とするロココ時代にふさわしい形式であった。

カンプラ作曲《優雅なヨーロッパ》

前章では、《愛の勝利》（一六八一）を「先駆的なオペラ・バレエ」と紹介した。リュリが作曲し、ボーシャンが振付け、女性のプロダンサーが初めて出演したバレエである。しかし、《愛の勝利》はいまだバロック的な性格の濃い作品であり、一般にオペラ・バレエが様式を確立した最初の作品は、一六九七年の《優雅なヨーロッパ》だとされている。なお「オペラ・バレエ」という呼称は十八世紀後半からのもので、当時はただ「バレエ」と呼ばれていた。

《優雅なヨーロッパ》は、アンドレ・カンプラが作曲し、ギヨーム＝ルイ・ペクール（Guillaume-Louis Pécourt, 1653–1729）が振付けて、パリ・オペラ座で上演された。ペクールはボーシャンの弟子であり、《愛の勝利》を含め、ボーシャンの多くの作品に出演している。彼はボーシャンの引退後にその職を継ぎ、パリ・オペラ座の二代目バレエマスターを四十年以上にもわたって務めた（一六八七～一七二九）。ペクールがパリ・オペラ座で初めて振付けた《優雅なヨーロッパ》は大成功し、その後一七七五年まで繰り返し上演されている。

《優雅なヨーロッパ》はプロローグと四つのアントレから構成されていて、アントレそれぞれで、フランス、スペイン、イタリア、トルコという四つの国の異なる物語を、踊りと歌で演じる作品だった。バレエの部分では、フランスはメヌエット、イタリアはシャコンヌ、スペインはサラバンド、トルコはトルコ行進曲と、それぞれの国に特徴的な音楽が踊りに用いられた。オペラの部分では、フランスは軽薄でコケティッシュな羊飼いが、スペインは誠実でロマンチックな貴族が、イタリアは嫉妬深く暴力的な領主が、トルコは後宮の女性たちを統べるスルタンが、それぞれ登場する物語が歌われた。

その後もペクールは、《ヴェネツィアのカーニヴァル》（一六九九）、《ヴェネツィアの祭り》（一七一〇）など、カンプラの作曲する音楽を使っていくつかのオペラ・バレエを作り、パリ・オペラ座で上演している。

もう一つのオペラ――トラジェディ・リリック

この時代のバレエ音楽を主導した三人の作曲家、リュリ→カンプラ→ラモーの系譜を紹介するために、ここで「トラジェディ・リリック」について説明しよう。

トラジェディ・リリックは、十七世紀後半からフランスで独自に発達したオペラの形式で、「叙情悲劇」とも和訳されている。ただし「トラジェディ」という語は、古代の神々や英雄・偉人を登場人物とした演劇一般を意味しており、物語の結末が悲劇とは限らない。トラジェディ・リリックは、古代ギリシア・ローマの神話や、ルネサンス期イタリアの詩人タッソの英雄叙事詩などを元にした筋書きのオペラで、貴族的な重厚さ、荘厳《そうごん》さ、格調の高さを特徴としていた。そしてトラジェディ・リリックにも、気晴らしとして必ずバレエが挿入された。

「コメディ」という語は「トラジェディ」の反対語で、神々や英雄・偉人ではない同時代の貴族・庶民を登場人物とした演劇一般を意味している。第3章で紹介した世俗的で気軽に楽しめるコメディ・バレエと、高尚な内容で格調高いトラジェディ・リリックは、補完的な関係にあった。この二つよりも後の時代に登場したのがオペラ・バレエである。オペラ・バレエは、内容的にはコメディ・バレエと同様に気軽に楽しめる作風であったが、コメディ・バレエのような演劇的な一貫性はなく、コメディ・バレエ、トラジェディ・リリックのどちらよりも踊りの比率が高くて、バレエをたっぷりと楽しめる点が異なっていた。

前章ではリュリをコメディ・バレエの作曲家として紹介したが、彼は同時にトラジェディ・リリックの創始者でもあった。《カドミュスとエルミオーヌ》(一六七三)、《テセウス》(七五)、《ペルセウス》(八二)など、多数のトラジェディ・リリックを作曲している。彼は《愛の勝利》も作曲しているので、コメディ・バレエ、トラジェディ・リリック、オペラ・バレエのいずれの様式も、音楽に関してはリュリが創始者だったと言える。

オペラ・バレエ《優雅なヨーロッパ》を作曲したカンプラも、トラジェディ・リリックの作曲家であった。例えば《タンクレード》(一七〇二)、《トーリードのイフィジェニー》(〇四)、《イポダミー》(〇八)は、いずれもカンプラが作曲し、バレエの部分をペクールが振付けて、パリ・オペラ座で上演されたトラジェディ・リリックである。

ラモー作曲《優雅なインドの国々》

ジャン＝フィリップ・ラモーは、リュリ、カンプラを引き継いで、オペラ・バレエとトラジェディ・リリックを頂点へと導いた作曲家である。活躍した期間は美術・建築ではロココ期だが、音楽史においてはフランス・バロックを代表する作曲家に位置付けられている。またラモーは、『自然原理に還元された和声論』（一七二二）を刊行して、初めて長調・短調の概念を体系的に論じ、近代機能和声理論の基礎を確立したことで知られている。

ラモーの作曲したオペラ・バレエは、《優雅なインドの国々》（三五）、《エベの祭り》（三九）、《プラテー》（四五）、《ピグマリオン》（四八）など数が多い。またトラジェディ・リリックでは、《イポリトとアリシー》（三三）、《カストルとポリュックス》（三七）などを作曲し、さらにコメディ・バレエでは、ヴォルテールが台本を書いた《ナヴァールの王女》（四五）を作曲している。

オペラ・バレエの典型として、当時大ヒットした《優雅なインドの国々》を紹介しよう。《優雅なインドの国々》は、プロローグ、四つのアントレ、エピローグから構成されていた。振付のミシェル・ブロンディ（Michel Blondy, ca.1676–1739）はボーシャンの甥で、ペクールの後を継いでパリ・オペラ座の三代目バレエマスターとなった人物である。四つのアントレは、「寛大なトルコ人」、「ペルーのインカ人」、「花々」、「未開人」とタイトルが付けられていた。各アントレは独立した恋物語である。「寛大なトルコ人」はオスマン・トルコが舞台で、トルコ人領主の奴隷となっていたフランスの女性を恋人が探し出し、領主が寛大に女性を解放する話、「ペルーのインカ人」はペルーが舞台で、スペイン貴族、インカの王女、インカの男の三角関係の話、「花々」はペルシア（イラン）が舞台で、ペルシアの王子と富豪のそれぞれが、相手の女奴隷に恋をする二重の恋愛話、「未開人」は北アメリカが舞台で、フランスの将校、スペインの将校、そしてアメリカ先住民の娘と戦士の四角関係の話である。題名の「インド」は遠い異国を総称する言葉であり、現在のインドを舞台にした話ではない。

《優雅なインドの国々》は、オペラ・バレエとして最大規模の作品で、舞台装置がきわめて豪華だった。「寛大なトルコ人」には船の難破、「ペルーのインカ人」には火山の噴火、「花々」には華やかな花祭りという見せ場が用意されており、そのスペクタクル性も人気の要因だった。この演目は、初演から三十五年以上にわたってパリ・オペラ座で上演され続けるレパートリーとなった。また、二十世紀以降にもパリ・オペラ座では、当時の資料に基づいた復刻版が、一九五二年と二〇〇三年に制作されている。

オペラ・バレエの異国趣味

ここでオペラ・バレエの異国趣味とフランスの海外進出の関係を確認しておこう。

《優雅なヨーロッパ》を初めとするカンプラ作曲のオペラ・バレエの舞台は、スペイン、イタリア（とりわけヴェネツィア）、トルコであった。フランス人にとって異国情緒をもたらす西と南の国々である。それがラモー作曲の《優雅なインドの国々》になると、ペルー、ペルシア、アメリカにまで舞台が拡大している。

時代背景として、フランスの海外進出があったことは言うまでもない。フランスの国営企業「フランス東インド会社」は、一七一九年に運営体制を改変し、新規資本を導入して飛躍的に発展した。しかし、同社の隆盛は《優雅なインドの国々》が初演された頃までだった。十八世紀半ばに北アメリカとインドで英仏植民地戦争が頻発し、これらにフランスが敗北した結果、同社は経営不振となって、フランス革命期の九六年に解散している。

異国趣味はオペラ・バレエの中心的な主題である。この西欧近代的な異国趣味は、遠方の文化に対する情緒的な憧憬《しょうけい》と民族差別の意識を宿したまま、十九世紀前半のロマンティック・バレエ、十九世紀後半のクラシック・バレエへと受け継がれてゆくことになる。

フランソワーズ・プレヴォー――スター誕生

十八世紀前半のフランスは、スターダンサーたちによって舞踊技術が高度化してゆく時代でもあった。次に、十八世紀前半に活躍した四人のスターダンサーを紹介する。第一世代として十七世紀末に生まれたプレヴォーとデュプレ、第二世代としてカマルゴとサレである。

図4－1　フランソワーズ・プレヴォー

この四人は、バレエの技術を高度化したのみでなく、十八世紀後半に「パントマイム・バレエ」が成立するにあたって先駆的な役割を果たした。パントマイム・バレエの成立については、次章で詳説する。

フランソワーズ・プレヴォー（Françoise Prévost, ca.1680–1741）は、パリに生まれ、十八世紀初めの三十年間にわたり、パリ・オペラ座のプリマ・バレリーナ（最高位の女性ダンサー）として君臨したダンサーである。プレヴォーの名前が記録されている最も古い公演は一六九五年の《四季のバレエ》で、史上初のバレリーナと称されたラフォンテーヌ嬢（第3章）が登場してから十四年しか経っていない。ペクール振付、カンプラ作曲のオペラ・バレエ《ヴェネツィアの祭り》や、同じコンビのトラジェディ・リリック《タンクレード》、《トーリードのイフィジェニー》、《イポダミー》などに出演してスターとなった。

プレヴォーは演技力に優れたダンサーだった。とりわけ一七一五年の《舞踊の登場人物たち》というソロ作品が有名である。これは十一種類の短い舞曲を集めた組曲で、異なるタイプの十一人の恋する人物を一人で演じるというものだった。プレヴォーは、クーラント、メヌエット、シャコンヌ、サラバンド、ジーグ、パスピエ、ガヴォット、ミュゼットなどの舞曲を自らの振付で踊り、巧みなパントマイムで恋人たちを演じ分けた。例えばクーラントでは年老いた男、メヌエットでは若く上品な娘、サラバンドでは裏切られた恋人、ミュゼットでは幸せな恋人を演じたのである。

プレヴォーは一七一八年に娘を出産した後も復帰して踊り続けたが、一七三〇年に引退している。教育者としては、次世代のスター、カマルゴとサレを育てている。

カサノヴァが見た「舞踊の神」ルイ・デュプレ

ルイ・デュプレ（Louis Dupré, ca.1690–1774）は、十八世紀前半の五十年間パリ・オペラ座で踊り続け、「舞踊の神」と呼ばれたダンサーである。プレヴォーと同じくパリに生まれ、一七〇一年に子役としてパリ・オペラ座の舞台に立ち、一四年に正式にデビューした。リュリ作曲の《テセウス》、《ペルセウス》などトラジェディ・リリックの再演や、カンプラ作曲のオペラ・バレエ《ヴェネツィアの祭り》などを踊ってスターとなった。ラモー作曲のオペラ・バレエ《優雅なインドの国々》にも、初演から出演している。

ダンサーとしてのデュプレは、美しく恵まれた体格、優雅で調和のある踊り、幅の広い演技力を特長としていた。アクロバティックな動きや誇張した演技よりも、アカデミックな様式に従った正確な動きと姿勢を重視し、その優美で完成されたスタイルが高く評価された。同時に、羊飼い、戦士、牧神、悪魔、ローマ人、スペイン人、アフリカ人など、さまざまな役柄を演じ分けることができた。

三十代のとき数年間パリを離れ、ロンドン、ドレスデン、ワルシャワなどで踊った後、パリ・オペラ座に主役ダンサーとして復帰している。以後、六十歳を過ぎるまで踊り続けた。教育者としても優秀で、オペラ座バレエ学校の校長を務め、次世代のカマルゴ、サレをプレヴォーとともに指導し、さらに次章で登場するヴェストリス、ノヴェールを直弟子として育てている。

ヴェネツィア出身の文人ジャコモ・カサノヴァは稀代《きたい》の漁色家として有名であるが、彼は引退間近いデュプレの踊りを鑑賞した体験を『回想録』に詳しく書いている。一七五〇年、二十代のカサノヴァがパリで見たのは、《ヴェネツィアの祭り》に出演したデュプレだった。舞台に背の高い立派な恰幅のダンサーが仮面を付けて登場し、ほんの少し踊っただけで劇場中の観客が拍手喝采した様子を、生き生きとした筆致で描写していて興味深い。

マリー・カマルゴ――ロココの人気芸能人

プレヴォーとデュプレに続くスターダンサーは、十八世紀半ばに人気が伯仲した二人のバレリーナ、カマルゴとサレだ。

マリー・カマルゴ（Marie Camargo, 1710–1770）は現在のベルギーのブリュッセルに生まれ、男性のものと思われていた難しい跳躍のテクニックを女性で初めて披露し、女性ダンサーの技術水準を高めたダンサーである。バレエ教師をしていたイタリア人貴族の娘に生まれ、十歳の頃からパリでプレヴォーに師事し、一七二六年、パリ・オペラ座で《舞踊の登場人物たち》を踊って一躍スターとなった。師匠のプレヴォーは、自分のライバルとなったカマルゴに嫉妬して彼女を冷遇したが、世代交代は避けられなかった。カマルゴはリュリ、カンプラのトラジェディ・リリックの再演や、オペラ・バレエ《ヴェネツィアの祭り》の再演で踊っている。

カマルゴのテクニックは卓越していた。バレエのテクニックで、跳躍して空中で伸ばした両脚を小さく開閉し、両脚を打ち合わせているように見せる技を「バットゥリー」という。カマルゴのバットゥリーは当時の観客を驚かせた。また、真上に跳び上がり、伸ばした両脚を空中で二回打ち合わせるように素早く開閉する「アントルシャ・カトル」という技は、彼

図4－2　マリー・カマルゴ

女が史上初めて舞台上で演じたと言われている。ただし注意してほしいのは、当時のバレエでは、足を膝より高く上げるのは下品とされていたことである。足を腰の高さよりも高く上げるテクニックが普及するのは、十九世紀になってからである（第6章）。

カマルゴには、証拠はないのだが有名な伝説がある。当時のバレエダンサーは基本的には王侯貴族と同じ衣装であり、頭に白い髪粉をつけた鬘を被り、女性は大きくふくらんだ重いフープスカートをまとい、金属のバックルの付いた靴を履いて踊っていた。伝説では、カマルゴは脚を素早く動かせるように踵《かかと》のない靴を履き、脚の動きが見えやすくなるようにスカートの丈をくるぶしの上まで短くしたと言われている。カマルゴの踊りは観客を熱狂させた。彼女の劇場外での暮らしや恋愛はゴシップ記事となり、ファッション、ヘアスタイル、料理にカマルゴの名が付けられるほどの人気であった。

カマルゴの名前は、後世においてスターバレリーナの代名詞となった。十九世紀には、クラシック・バレエを完成させたマリウス・プティパ（第7章）が《カマルゴ》というバレエを創作している。二十世紀前半には、イギリスのバレエを発展させるため、ロンドンで「カマルゴ協会」が結成されている（第8章）。

図4－2は、ロココ期のフランス人画家、ニコラ・ランクレが描いたカマルゴである。ランクレは、ワトーに並ぶフェート・ガラント（雅宴画）を代表する画家であり、田園での奏楽という典型的なフェート・ガラントの主題にカマルゴを描き入れている。

マリー・サレ――啓蒙思想家たちのアイドル

マリー・サレ（Marie Sallé, 1707–1756）は、パントマイム・バレエ（第5章）の先駆者と言えるダンサーである。貧しい旅芸人の娘で出生地は知られていないが、小さい頃から演技とダンスを学び、十歳になる前からパリやロンドンで踊っていた。パリではプレヴォーに師事し、プレヴォーの代役として十四歳でパリ・オペラ座にデビューし、その五年後にカマルゴがデビューすると人気は二分した。プレヴォー振付の《舞踊の登場人物たち》、オペラ・バレエ《ヴェネツィアの祭り》の再演、リュリ作曲のコメディ・バレエの再演などを踊っている。プレヴォーはカマルゴを冷遇したが、サレには優しく演技指導を続けた。

カマルゴとサレの踊りは対照的で、技術を誇示するようなカマルゴの踊りに対し、サレはパントマイムによる感情表現が巧みで、繊細かつ優雅な踊りが特徴であった。カマルゴもサレもプレヴォーの弟子であるが、プレヴォーの演技力を継承したのはサレだった。テクニックを強調するよりも、アカデミックな動きと姿勢の優美さを大切にした点では、もう一人の師匠となったデュプレの資質も継承している。

サレは一時期、パリ・オペラ座内部の政治的紛擾《ふんじょう》を嫌い、芸術的な自由を求めてロンドンで活動している。サレの芸術性を称揚していたヴォルテールは、ロンドンとパリを比較し、知人への手紙に「彼の地《か》の賢明な自信と我が地の狂った迷信、ロンドンが芸術に与える励ましとパリが芸術を苦しめる恥ずべき抑圧」と書いて、サレの渡英を悲しんでいる。このエピソードは、二十世紀にシルヴィ・ギエムがパリ・オペラ座から英国ロイヤル・バレエ団へ移籍したとき、「フランスの国家的損失」と報道されたことを想起させる（第9章）。また、すでに絶対王政を批判する啓蒙思想家として活躍していたモンテスキューは、サレのためにロンドンの有力者への紹介状を書いた。サレは、啓蒙思想家たちのアイドルだったと言ってもよい。貴族の血を引くカマルゴとは異なり、サレが庶民出身だったことも、アンシャン・レジームを批判する彼らの心を捉える要因だったに違いない。

ロンドンでは、サレが自作自演した《ピグマリオン》（一七三四）が評判となった。彼女は、彫像が生命を得て動き出す場面を、巧みなパントマイムで演じて観客を魅了した。このとき彼女は、盛り上げた髪型やパニエでふくらませたスカートを廃し、自然に垂らした髪、ギリシア風のシフォンチュニックで舞台に立った。演技のために衣装の改革をした点で、カマルゴとサレは共通している。しかし、パニエを廃して身体の線が見えるようにし、薄い布地で肌が透ける衣装で踊ったサレは、当時の観客にはカマルゴよりもはるかに刺激的だった。

サレはロンドンで、バロック音楽を代表する作曲家、ゲオルク・フリードリッヒ・ヘンデルと協働している。ドイツ生まれのヘンデルは、当時ロンドンで活躍していた。ヘンデルはバレエ作品全体（全幕）の作曲はしなかったが、ロンドンで上演したオペラ《忠実な羊飼い》でサレのために『テルプシコーレ』（三四）を作曲し、オペラ《アレステ》（三四）、《アリオダンテ》（三五）にも、彼女のための楽曲を書き加えている。

一七三五年、パリ・オペラ座に戻ってからのサレは、ラモーと親しく協働した。《優雅なインドの国々》では、「花々」のアントレをサレが振付け、自ら薔薇《ばら》の役を踊っている。ラモー作曲のオペラ・バレエ《エベの祭り》と《プラテー》、トラジェディ・リリック《カストルとポリュックス》などでも、自ら振付けて踊っている。

一七五三年、カマルゴ引退の二年後、サレも引退している。対照的な二人の女性スターが競い合ってバレエファンを熱狂させる構図は、百年後、タリオーニとエルスラーの登場によって再現することになる（第6章）。

第5章　オペラからの独立と演劇的改革

——啓蒙思想期のヨーロッパ

十八世紀後半のヨーロッパ

本章では十八世紀後半のバレエについて、①ヨーロッパ各国への広がり、②ノヴェールを中心としたバレエの改革、③その改革を支えたスターダンサーたちという三つの視点から整理する。時代背景となる十八世紀後半の西洋世界は、イギリスで「産業革命」が始まり、アメリカとフランスで大きな「市民革命」が勃発した半世紀である。このいわゆる「二重革命」は、世界史の大きな転換期であった。

経済では、フランスとの植民地戦争に勝利したイギリスで、世界に先駆けて「第一次産業革命」が始まった。一七六〇年代に木綿産業で紡績・織布の機械が発明され、六九年にはジェームズ・ワットが蒸気機関の改良に成功。イギリスでは、海上覇権の掌握による資本の蓄積と、農業経営合理化のための囲い込み運動による工場労働力の供給を原動力として、産業革命が進んでゆく。数千年にわたって農業を基盤としていた人類社会は、工業を基盤とする時代へとドラスティックに変わってゆく。

政治的には、一七五六年に、宿敵であったハプスブルク家とブルボン家が同盟する「外交革命」が起こった。台頭するプロイセンと強大なイギリス帝国に対抗するための同盟である。その帰結として、ハプスブルク家の皇女マリー・アントワネットがブルボン朝のルイ十六世と結婚したことは、バレエ史にも一石を投じることとなった。

十八世紀最後の四半世紀には「市民革命」が続発する。市民革命とは、ブルジョワジー（有産市民階級）が国家の主権を王侯・貴族から奪取する事件であるが、これも産業革命と並んで人類社会の姿を大きく変化させた。まず、北米東海岸のイギリス植民地が本国に対して戦いを挑み、フランスの支援を得て勝利し、アメリカ合衆国として独立宣言を発する（一七七六）。そのフランスは、アメリカへの支援で財政難が深刻化し、国王ルイ十六世が三部会を召集したことをきっかけに「フランス革命」が勃発する（八九）。本章の最後では、フランス革命期のバレエについて紹介する。

文化的には引き続き「啓蒙思想」の時代で、ルソーが活躍し、ディドロとダランベールの編集した『百科全書』が刊行された（一七五一～八〇）。美術は「ロココ後期」から「新古典主義」への移行期で、ロココではフラゴナール、新古典主義ではダヴィッドの時代である。

この二人がギマールというバレリーナの私邸で共作していることは後述する。音楽は「ウィーン古典派」の時代で、グルック、ハイドン、モーツァルトが活躍し、若いベートーヴェンも作曲を始めていた。グルックとモーツァルトが、オペラの中の舞踊曲を多数作曲しているのみでなく、オペラから独立したバレエ曲を作曲していることも紹介しよう。

ヨーロッパ各国へ広がるバレエ

十八世紀には、他のジャンルの芸術家たちと同様に、優れたバレエ教師はヨーロッパ各地を旅して回ってキャリアを積むことが標準的なライフスタイルとなっていた。人気のあるバレエダンサーも、各地の劇場にゲストとして招かれて踊る機会が増えた。この旅するバレエ教師たち、バレエダンサーたちが、バレエをヨーロッパ各国へ広めた。

まず、バレエの発祥地であるイタリアでは、イタリア独自の即興仮面劇「コメディア・デラルテ」の影響の下、フランスとは異なる独自のバレエが発達していた。すなわち、パントマイムの要素が強く、アクロバティックな動きを強調するスタイルのバレエである。十八世紀になると、イタリアでもフランスと同様に、バレエは宮廷舞踊から劇場舞踊へと移り変わった。一七三七年、ナポリにサン・カルロ劇場が開場し、七八年にはミラノにスカラ座が開場した。以後はミラノがイタリアでのバレエの中心地となる。しかし、イタリアではバレエよりもオペラの発達が著しく、バレエはオペラの添え物の位置付けに留まることが多かった。

オーストリアでは、ハプスブルク家の宮廷を中心として、すでに王侯貴族の娯楽としてバレエが根づいていた。中心地となったのは、十八世紀に開場したウィーンの二つの宮廷劇場、ケルントナートーア劇場とブルク劇場だった。前者は一七〇九年、後者は四一年に開場している。これらの歌劇場にはバレエ団が付属していたが、上演される演目の中心はオペラであり、バレエ団の主な活動はオペラの中で踊ることだった。それでも十八世紀のケルントナートーア劇場は、バレエの改革者たちが次々と創作をする重要な場所となっており、当時のウィーンがバレエの先端都市であったことは間違いない。

ドイツにおいても、バレエが宮廷舞踊として始まり、やがて劇場舞踊へと移行した経緯は他国と変わらない。ベルリン、ドレスデン、デュッセルドルフ、ハノーファー、シュットガルトなど、多くの都市の宮廷でバレエが上演されていた。なかでもシュットットガルトは、バレエ改革の中心人物ノヴェールがウィーンに先立って活躍した都市である。

イギリスには、イタリア、フランスのような宮廷舞踊の伝統はなかった。劇場舞踊としてのイギリスのバレエは、一七〇二年、ウィーヴァー（後述）が振付けたコメディ・バレエの上演を嚆矢《こうし》としている。大陸から来英したスターダンサーがロンドンの劇場で踊ることも多く、デュプレ、カマルゴ、サレがロンドンで人気を博したことは、前章で述べた通りである。

また、七〇～八〇年代には、ノヴェールがロンドンのキングズ劇場で活躍し、イギリスのバレエ史に名を残している。キングズ劇場は欧州中のスターダンサーたちが出演するバレエのメッカだった。

スペインは、スペイン＝ハプスブルク家が断絶した後のスペイン継承戦争の結果、スペイン＝ブルボン家が支配する時代となっていた。スペインにも宮廷舞踊は定着していたが、フランス流のバレエよりも自国の伝統的な舞踊の発展に努める傾向が強かった。例えば、十八世紀にボレロが宮廷舞踊として導入されたのは、外国の舞踊が宮廷に侵入することへの対抗策だった。この時代、スペインの社交界ではボレロを踊れることが必須となり、貴族の子女はこぞってボレロを学んだ。

北欧へ目を向けてみよう。デンマークの宮廷はフランス文化の影響が強く、十六世紀後半からいち早くバレエが上演されていた。十八世紀には劇場舞踊へと移行し、コペンハーゲンには、一七二二年にリレ・クレンネゲーゼ劇場、四八年に王立歌劇場が開場している。七一年、王立歌劇場内にバレエ団（現在のデンマーク・ロイヤル・バレエ団）が創設され、以後同国におけるバレエの拠点となる。一方スウェーデンでは、七三年、啓蒙専制君主グスタフ三世がストックホルムの王立歌劇場に職業的なバレエ学校を設立し、同国にバレエが劇場舞踊として定着するきっかけとなった。

東欧では、ハンガリーがオーストリア＝ハプスブルク家の支配下にあり、宮廷舞踊としてのバレエが定着していた。一七七二年には、エステルハージ家の宮殿に、ウィーンからノヴェールの一座がやってきて彼の作品を上演している。ポーランドでも、宮廷舞踊としてのバレエは王侯貴族の娯楽として定着していた。一七二四年から二六年には、「舞踊の神」と呼ばれたルイ・デュプレ（第4章）がワルシャワの劇場で踊っている。八五年には、最初の王立バレエ団が創設されたが、ロシア、プロシア、オーストリアによるポーランド分割で、このバレエ団は九年間しか存続できなかった。

ロシアでは、十八世紀に西欧からのバレエの輸入が始まった。一七三八年、ロマノフ朝皇帝アンナ・イヴァーノヴナが、サンクト・ペテルブルク（以下「ペテルブルク」）にバレエ学校を設立したのが嚆矢である。この学校は「女帝の学校」と呼ばれ、これが帝室バレエ団（現在のマリインスキー・バレエ団）の起源となった。バレエ団には、西欧の振付家たちがバレエマスターとして招かれて、作品を作った。啓蒙専制君主で名高いエカチェリーナ二世の即位時（一七六二）に上演されたバレエは、ヒルファーディング（後述）が振付けている。このように西欧の振付家たちがロシアへ赴き、バレエの作品と技術と理論を持ち込む伝統は、十九世紀後半、ロシアがバレエ史の中心地となるまで続いてゆく。

啓蒙主義が促したバレエの改革

かくして十八世紀になると、フランスのローカルなダンスであったバレエはヨーロッパ全体に広がっていった。しかし、十八世紀後半、芸術としてのバレエは二つの問題を抱え、何らかの変革を迫られていた。第一の問題は、バレエが旧体制の象徴になってしまったこと、第二の問題は、バレエに演劇的な表現力が不足していたことである。

第一の問題については、バレエはルイ十四世の庇護《ひご》で発展した宮廷芸術だったため、絶対主義王政の芸術というイメージがつきまとっていた。それこそが、各国の王侯貴族がバレエを好み、自国へ導入する動機でもあった。それゆえ啓蒙思想家たちは、バレエの改革にも大きな関心を寄せることになる。ただし、彼らはバレエをアンシャン・レジームの象徴として抹殺しようとしていたわけではなく、むしろバレエを愛好し、バレエに変革を求めた。

第二の問題については、十八世紀後半になると、オペラが芸術としてますます発展する一方で、バレエはオペラ作品に挿入される余興という位置付けになりつつあった。オペラ・バレエのバレエの場面には基本的に台詞と歌がないため、バレエは物語を進める役割を果たさず、アクロバット的な演技で舞台を飾る添え物になっていたのである。そこで、意識の高いバレエ振付家たちのあいだに、バレエも物語を伝える表現力を備えてオペラから分離独立するべきだという考えが広まった。

二十世紀以降のバレエでは、ストーリーのない抽象的な作品は全く珍しくない。現代的な視点から考えてみると、バレエという芸術に必ずしも演劇性が必要なわけではない。しかし、十八世紀にバレエを改革しようと考えた人々は、劇場芸術としてのバレエには演劇的な表現力が不可欠であると信じたのである。

ここでは、まず第一の問題を巡って、啓蒙思想家たちとバレエ改革の関わりを説明する。それに続き、第二の問題を巡って、バレエをオペラから独立した芸術として成り立たせるために奮闘した振付家たちを紹介する。

思想家ルソーの作曲したバレエ

十八世紀半ば、新しい時代の芸術を求める啓蒙思想家たちの志向が端的に噴出したのが「ブフォン論争」であった。フランス音楽界が、伝統的なフランス・オペラの擁護派と、イタリアのオペラ・ブッファ（喜劇的オペラ）の支持派に分かれて論争した事件である。

きっかけは、一七五二年、イタリアの巡業劇団がペルゴレージのオペラ・ブッファ『奥様になった女中』をパリで上演したことだった。ペルゴレージの音楽は、仰々しいフランス・オペラに比べて素朴で馴染みやすく、パリの知識人たちにとって新鮮だった。ルソー、ディドロ、ダランベールを初めとする啓蒙思想家たちは、オペラ・ブッファを新しい時代の音楽

図5－1　ルソー作《村の占い師》の一場面

として称揚した。これに対し、国王ルイ十五世を中心とする貴族たちと、ラモーら宮廷音楽家たちは、リュリから続く伝統的なフランス・オペラを支持し、激論が交わされた。論争の名前となっている「ブフォン」は、フランス語で喜劇役者のことで、オペラ・ブッファを揶揄《やゆ》した言い回しとして当時用いられたものである。

ブフォン論争の中心人物の一人はジャン＝ジャック・ルソーだった。音楽家として名を成していたルソーは守旧派のラモーと対立し、フランス・オペラに対する激しい批判を繰り返した。論点は主に音楽に関するものであったが、ルソーはオペラと一体化していたバレエにも矛先を向けており、オペラの中のバレエは物語を中断させ、演劇的な効果を損なうと主張している。彼の主張は、オペラからバレエを排除すべきというものであったが、これはオペラからバレエを独立させようという人々の意思と、方向性は一致していた。

ルソーはオペラ・バレエの作曲家でもあった。例えば《優雅な詩の女神たち》（一七四五）、《村の占い師》（五二）、《ピグマリオン》（七〇）などを作曲している。なかでもブフォン論争の勃発した年に国王の前で初演された全一幕の《村の占い師》は好評で、翌年にはパリ・オペラ座で上演されて成功を収め、王太子ルイ（後のルイ十六世）とマリー・アントワネットの結婚式（七〇）でも上演されている（図5―1）。《村の占い師》のバレエ場面の楽曲は親しみやすいメロディーが歓迎され、後に多くの作曲家が編曲を行い、さまざまな歌詞が付けられて欧米に広まった。そして、このメロディーは明治時代に日本へ伝わり、今では幼児の手遊び歌として誰もが知っている童謡「むすんでひらいて」となったのである。

『百科全書』の中のバレエ

啓蒙思想家たちによる芸術改革の意思は、ドゥニ・ディドロとジャン・ル・ロン・ダランベールが二十年以上をかけて編集した大著、『百科全書』にも現れている。『百科全書』は、ヴォルテール、モンテスキュー、ケネー、コンドルセなどの著名人を初めとして、百八十四人が分担執筆している。「音楽」の項目を執筆したのはルソーだった。ダランベールは音楽に関してはラモーの崇拝者だったので、最初「音楽」の項目をラモーに依頼したのだが、守旧派のラモーには執筆を断られている。

一方、「バレエ」の項目を執筆したのはルイ・ド・カユザック（Louis de Cahusac, 1700–

1759）だった。カユザックは、フランス南西部に貴族の息子として生まれ、パリでバレエの台本作家・歴史家として活躍した人物である。パリ・オペラ座でのラモーとの共同制作が多く、オペラ・バレエ《ポリュムニアの宴》（一七四五）、《ヒュメナイオスとアモールの宴》（四七）、トラジェディ・リリック《ゾロアストル》（四九）は、いずれもカユザックが台本を書き、ラモーが作曲している。

カユザックは、著書『古代舞踊と現代舞踊、あるいは舞踊に関する歴史的考察』（五四）で、舞踊においても、演劇と同様に劇的構造の一貫性、整合性が重要であることを主張している。彼もまた演劇的なバレエの唱道者であり、十八世紀のバレエ改革者の一人だった。

『百科全書』では、「バレエ」の項目を「器楽や声楽の音に合わせて、複数の人が、自然な動きや奇抜な動きをステップやジェスチャーで表現する造形的な舞踊」というバレエの定義で書き始め、古代ギリシアの舞踊から十八世紀のオペラ・バレエまで、バレエの歴史を四十ページ以上にわたって解説している。また「バレエ」以外にも、「舞台表現」、「舞台装飾」、「饗宴」などの長めの項目から、「ダンサー」、「合唱団」、「シャコンヌ」、「コントルダンス」、「アントレ」、「アントルシャ」などの短い項目まで、合わせて百を超える『百科全書』の項目を一人で執筆している。

さて、前章では、ヴォルテールとモンテスキューがサレの演技を称賛し、彼女を支援したことを紹介した。その次の世代の啓蒙思想家で美学・芸術学を中心に活動し、戯曲も執筆していたのが、『百科全書』の編纂《へんさん》者ディドロである。ディドロは演劇におけるパントマイムの効果を重視して、台詞のみでは表現できないものを身体動作で表現する重要性を主張していた。そしてディドロと親交があったノヴェールは、ディドロの舞台芸術観に呼応して、台詞のないバレエでも、顔の表情と身体動作によって演劇的な表現を積極的に行うべきであると主張したのである。

パントマイム・バレエの改革者たち

十八世紀のバレエ改革の代表者はノヴェールだが、ノヴェール一人が改革を行ったわけではない。ここでは、演劇的なバレエを目指したノヴェール以外のバレエ振付家三人を紹介してから、ノヴェールについて解説する。四人の名前を生年順に並べれば、ウィーヴァー、ヒルファーディング、ノヴェール、アンジョリーニである。

ジョン・ウィーヴァー（John Weaver, 1673–1760）は、イギリスで初めてバレエを振付けた人物である。彼はイングランド中西部にバレエ教師の息子として生まれた。当時のロンドンではフランス人、イタリア人の作ったバレエが上演されていたが、ウィーヴァーが振付けたコメディ・バレエ《酒場の詐欺師たち》（一七〇二）が、イギリス人による初の劇場舞踊となった。バレエ改革に大きな影響を与えたのは、彼の《マルスとヴィーナスの恋》（一七）である。これは、ダンスとパントマイムを組み合わせて物語を演じるバレエであり、バレエと言えばテクニックを披露するものであった当時、画期的な作品であった。顔の表情と身振りでまとまりのある物語を伝えようとする「パントマイム・バレエ」の最初期の作品と見なされている。主演は「舞踊の神」ルイ・デュプレで、ウィーヴァー自身も出演した。

その後もウィーヴァーは、《オルフェウスとエウリディーチェ》（一八）、《パリスの審判》（三三）などの作品でパントマイム・バレエを探求し続けた。サレの巧みなパントマイムがロンドンで評判となった《ピグマリオン》（三四）も含めて（第4章）、演劇的なバレエの起点はロンドンにあったと言ってもよい。ウィーヴァーはバレエに関する多くの著作を残しており、またフイエの舞踊記譜法（第3章）の英訳者としても知られている。

フランツ・ヒルファーディング（Franz Hilverding, 1710–1768）はオーストリアのウィーンで生まれた。喜劇役者を輩出した有名な一家に育ち、父親は劇場支配人を務めていた。ウィーンの宮廷舞踊学校とパリで学び、ウィーンの宮廷劇場でバレエ振付家として活動を始め、ラモーの音楽による《寛大なトルコ人》（五八）を初めとして三十以上の作品を作っている。ウィーンのケルントナートーア劇場とブルク劇場の両方で長くバレエマスターを務めたが、その途中、ペテルブルクとモスクワの帝室劇場でもバレエマスターを務めている。

ヒルファーディングは、古代ギリシア・ローマの演劇で行われていた顔と身振りによる舞台表現をダンサーに教え、ダンスとパントマイムを組み合わせて物語を演じるパントマイム・バレエを創作した。この点で、ヒルファーディングはウィーヴァーの後継者であり、ノヴェールの先行者だったと言える。実験精神が旺盛で、ラシーヌの悲劇『ブリタニキュス』を台詞無しで演じるバレエを制作したと伝えられているが、その詳細は分かっていない。

一七六五年、ヒルファーディングは神聖ローマ帝国皇帝ヨーゼフ二世の再婚に際して、祝賀式典のためのバレエ《愛の勝利》を振付けた。このバレエはハプスブルク家の豪勢な離宮、シェーンブルン宮殿で上演された。ヨーゼフ二世はマリア・テレジアの長男で、後のフランス王妃マリー・アントワネットの年の離れた兄であり、まだ九歳だったマリーも、兄たちと一緒にヒルファーディングの舞台に出演している。

ガスペロ・アンジョリーニ（Gaspero Angiolini, 1731–1803）はヒルファーディングの弟子である。イタリアのフィレンツェで役者一家に生まれ育ち、ウィーンでヒルファーディングに師事した。ヒルファーディングがロシアでバレエマスターを務める間、師に代わってウィーンでバレエマスターを務め、パントマイム・バレエを次々と制作している。とりわけモリエールの戯曲に基づき、グルックの音楽で制作した《ドン・ファンまたは石像の宴》（六一）は、アンジョリーニ自身が主演し、その演劇的な迫力で評判となって、フランス、イタリア、ドイツなどでも上演された。グルックはオペラ作曲家として知られているが、この作品をきっかけに、ヴォルテールの悲劇に基づいた《セミラミス》(一七六五)、《中国の孤児》(七四)など、アンジョリーニのためにいくつものバレエ曲を作曲している。

ノヴェールがパントマイム・バレエの理論家として有名になると、アンジョリーニは、ノヴェールの理論が師ヒルファーディングの剽窃だとして、パンフレットを発行して抗議をした。ノヴェールはこれに反論し、両者の論争はしばらく続いた。アンジョリーニは、ヒルファーディングの後任としてペテルブルクの帝室劇場でバレエマスターを務めた後、イタリアへ戻り、ヴェネツィア、トリノやミラノ・スカラ座で活動した。

以上のように、十八世紀のパントマイム・バレエは、イギリス、フランス、オーストリア、イタリアの先進的な振付家たちがそれぞれ試みていた。創意工夫する彼らの姿は、バレエという芸術に備わった「自己変革の力」を証明している。

ノヴェールのバレエ・ダクシオン

ジャン=ジョルジュ・ノヴェール(Jean-Georges Noverre, 1727–1810)は、十八世紀のバレエ改革を象徴する人物である。『ブリタニカ国際大百科事典』の「ノベール」の項目には、「実質的に今日のバレエの基礎を築いた功績者」と説明されている。ユネスコの舞台芸術部門を担当する国際演劇協会は、ノヴェールの誕生日の「四月二十九日」を「国際ダンスデー」と定めており、毎年記念の行事を行っている。

ノヴェールはパリに生まれ、「舞踊の神」デュプレに師事した。十代のノヴェールは五十代のデュプレから、演劇的な表現力の大切さを教わった。また、ノヴェールは当時のスターダンサー、サレとも親しかった。ノヴェールはパリでダンサーとしてデビューしたが、二十歳の頃、怪我のためにダンサーとしてのキャリアを絶たれてしまう。その後はバレエ振付家として活動し、一七四八年頃に初演した《中国の祭り》が初めてヒットして以降、八十三歳で亡くなるまで、およそ百五十ものバレエ作品を作った。

図5－2　ジャン＝ジョルジュ・ノヴェール

ノヴェールは、生涯にわたって安住の地を見つけられず、都市から都市へ転々と移動し続けている。まず二十歳の頃にマルセイユの劇場のバレエマスターとなり、その後ストラスブール、リヨンと移り住んだ後、パリに戻ってオペラ・コミック座のバレエマスターとなった。オペラ・コミック座では《中国の祭り》を再演し、《青春の泉》（五四）、《フランドルの祭り》（五五）などを創作して評判となるが、まだ彼のバレエ理論は完成していなかった。

大きな転機は一七五五年、シェイクスピア劇の俳優として当代最高と評されたデイヴィッド・ギャリックに招かれてイギリスへ渡り、ギャリックが経営するロンドンのドルリー・レーン劇場で仕事をしたことだった。ギャリックは、傑出した演技力でイギリス演劇に近代的リアリズムをもたらした人物であり、ノヴェールはギャリックとの親交を通じて演劇的なバレエの理論を完成させたのである。一方ギャリックは、ノヴェールを「舞踊のシェイクスピア」とほめたたえている。

ノヴェールは、およそ百人ものフランス人ダンサーをロンドンに集めて、ギャリックの劇場で《中国の祭り》と《青春の泉》を上演する準備を進めた。しかし、折悪くイギリスとフランスの植民地戦争が始まる直前で、反仏感情から観客による暴力事件が起きてしまった。豪華な舞台装置が破壊されて公演は中断し、ノヴェールは身を隠さざるをえなかった。

五七年からはリヨンに戻ってバレエマスターを務め、《ガラテアの気まぐれ》（五八）、《ヴィーナスの化粧》（五八）などを創作した。六〇年からは、シュツットガルトの宮廷劇場でバレエマスターを務めた。彼の名声をさらに高めた《メデアとイアソン》（六三）を初めとして、《プシケとアモール》（六二）、《オルフェウスとエウリディーチェ》（六三）、《ヒュペルムネストラ》（六四）など、精力的に創作を続けている。

六〇年、ノヴェールは自分のバレエ理論をまとめた『舞踊とバレエについての手紙』（以下『手紙』）をリヨンとシュツットガルトで出版した（図5－3）。ノヴェールがこの著作で探究した演劇的なバレエは、「バレエ・ダクシオン」と呼ばれている。バレエ・ダクシオンとは、一貫性のある物語を、台詞も歌も用いず、ダンスとパントマイムで表現する黙劇としてのバレエのことで、ウィーヴァーやヒルファーディングが作ったパントマイム・バレエの発展形と言ってよい。ノヴェールは『手紙』で、難しいテクニックを偏重する傾向を批判し、顔の表情を隠す仮面や大仰な鬘を脱ぎ捨てるべきと主張し、観客の心を捉えるバレエ・ダクシオンがどのような条件によって成り立つのかを詳細に論じている。

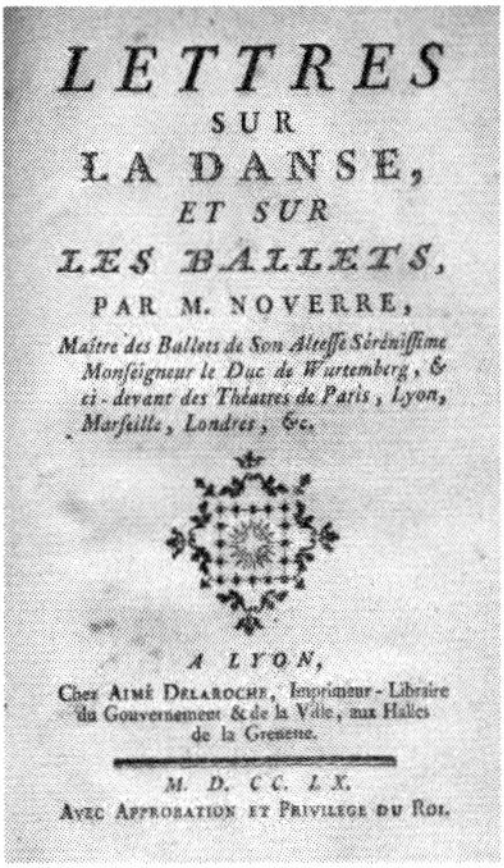
LETTRES
SUR
LA DANSE,
ET SUR
LES BALLETS,
PAR M. NOVERRE,
Maître des Ballets de Son Altesse Sérénissime Monseigneur le Duc de Wurtemberg, & ci-devant des Théatres de Paris, Lyon, Marseille, Londres, &c.
A LYON,
Chez AIMÉ DELAROCHE, Imprimeur-Libraire du Gouvernement & de la Ville, aux Halles de la Grenette.
M. D. CC. LX.
AVEC APPROBATION ET PRIVILEGE DU ROI.

図5－3　『舞踊とバレエについての手紙』初版扉

演劇的なパントマイム・バレエがノヴェール一人の発明品ではなかったことはすでに述べた通りだが、ノヴェールの書いた『手紙』は、バレエの理論書として画期的だった。舞踊と他の芸術ジャンルとの関係、ダンサーの演技と踊り方、作品の主題と構成、多様な演出手法、仮面と衣装、音楽、舞台装置、指導者の資質から舞踊記譜法についてまで、バレエに関してきわめて多面的かつ具体的に論じており、たちまち大きな反響を呼んだ。初版は架空の読者へ宛てた十五通の手紙で構成されており、これはルソーの『演劇に関するダランベールへの手紙』(一七五八)を意識した形式だったと思われる。『手紙』はイタリア語、ドイツ語、英語に翻訳され、ヨーロッパ中で読まれるベストセラーとなった。

マリー・アントワネットによるノヴェール招聘

六七年、次にノヴェールが招かれたのは、ウィーンの宮廷劇場、ケルントナートーア劇場とブルク劇場だった。ノヴェールはヒルファーディングの後任としてバレエマスターとなる。ここでも彼は多作であり、《復讐《ふくしゅう》されたアガメムノン》(七一)、《ヴィーナスとアドニス》(七三)、《オラースとキュリアス》(七四)など、七年間で約五十の作品を作っている。また、グルックとも親しく協働し、グルックのオペラ《アルケスティス》(六七)、《パリーデとエレーナ》(七〇)の振付を行った。

当時、ウィーンを首都とする神聖ローマ帝国は、ハプスブルク家のヨーゼフ二世と母マリア・テレジアが共同統治する啓蒙専制主義の時代だった。マリア・テレジアはノヴェールを気に入って、帝室のバレエ教師に任命した。かくしてノヴェールはマリア・テレジアの娘、後のマリー・アントワネットに数年間バレエを教えることになる。

しかし、ヨーゼフ二世は、ドイツ語による演劇を奨励するなど民族主義的な文化政策を行い、バレエをフランス流の文化として敬遠して、ノヴェールを冷遇した。そこで七四年、ノヴェールはウィーンからミラノへ活動の場所を移した。ところがイタリアも彼にとって居心地のよい場所ではなかった。『手紙』を読んだアンジョリーニが、ノヴェールのバレエ・ダクシオンはヒルファーディングの剽窃だとして激しく抗議した後だったからである。

ノヴェールの窮地を助けたのは、ハプスブルク家とブルボン家の政略結婚でフランス皇太子に嫁ぎ、夫の即位で王妃となったマリー・アントワネットだった。夫のルイ十六世はオペラ、バレエに関心がなく、パリ・オペラ座の経営にはマリーが大きな発言権を持っていた。七六年、ノヴェールはマリーの希望で祖国フランスへ呼び戻され、長年の念願だったパリ・オペラ座のバレエマスターに就任した。マリア・テレジアがマリーにノヴェールを推薦したとも言われている。ノヴェールは《中国の祭り》など、自作をいくつか改訂してパリ・オペラ座で上演した。またパリにやって来たグルックと再び協働し、オペラ《アルミード》（七七）、《タウリスのイフィゲニア》（七九）を振付けた。グルックも、かつてウィーンで幼いマリー・アントワネットにハープシコードを教えている。

注目すべきは、ノヴェールが若き日のモーツァルトにバレエ曲を委嘱したことだろう。当時二十二歳のモーツァルトは、女性問題などが原因で父親にパリ行きを命じられていた。ノヴェールはモーツァルトと親しくなり、自分がウィーンで作った《レ・プティ・リアン》を改訂して上演するにあたり、新しい音楽を依頼する。モーツァルトは父親に送った手紙に「序曲とコントルダンス全十二曲は、ぼくが書きました」と書き送っている（コントルダンスとは、男女が対面して踊る群舞）。一七七八年、パリでの《レ・プティ・リアン》の上演は成功したという記録はあるが、台本は残っておらず、その詳細は伝わっていない。

パリ・オペラ座のバレエマスターというバレエ界の頂点に登り詰めたノヴェールであったが、生まれ故郷のパリも彼にとって安住の地ではなかった。それまでオペラ座の慣例では、バレエマスターはバレエ団内部の有力者が昇進すべき役職であり、王妃の意向によるノヴェールの就任は異例の人事だった。当時のバレエマスターの最有力候補はマクシミリアン・ガルデル（後述）で、外様のノヴェールはガルデルを初めとするダンサーたちから反発を受け続けた。ノヴェールはダンサーたちからリハーサルのボイコット、本番の手抜き、あからさまな抗議や黙殺など、さまざまな妨害を受けて思うように仕事ができず、とうとう一七八一年に辞任する。

ノヴェールは再びロンドンへ移り、ロンドンのキングズ劇場でバレエの創作とオペラの振付を続けた。五十代半ばを過ぎてからは、『手紙』の増補・改訂にも力を尽くした。八三年には『手紙』のロンドン・パリ版、一八〇三年にはペテルブルク版、〇七年にはパリ版とハーグ版が出版されている。一七八九年、フランス革命が勃発する。九三年十月、六六歳のノヴェールは、かつての庇護者マリー・アントワネットがギロチンの露と消えたことをロンドンの新聞で知ることになる。

二代目「舞踊の神」ガエタノ・ヴェストリス

次に、十八世紀後半に活躍したダンサーを四人だけ紹介しよう。パントマイム・バレエの成立に重要な役割を果たし、バレエの技術をさらに高度化し、またヨーロッパの各国へ赴いてバレエを周辺諸国へ伝える役割を果たしたダンサーたちである。前章では、カマルゴとサレを十八世紀の第二世代と呼んだが、次の第三世代に相当するのが、ノヴェールと同世代のガエタノ・ヴェストリスである。続く第四世代としてガルデルとギマール、第五世代として、ガエタノの息子のオーギュスト・ヴェストリスを紹介する。

ガエタノ・ヴェストリス（Gaetano Vestris, ca.1728–1808）はイタリア生まれで、師匠のデュプレの後を継いで「舞踊の神」と呼ばれ、パントマイム・バレエの成立に貢献したダンサーである。フィレンツェのダンサー一家に生まれ、パリでデュプレに師事した。一七四八年にパリ・オペラ座にデビューし、七〇年からはバレエマスターを務めた。長身で脚が長くてスタイルが良く、ノヴェールによれば、優雅で気品のある踊りは師匠に劣らず、幅の広い演技

図5－4　ガエタノ・ヴェストリス

力は師のデュプレを凌《しの》いだという。彼の姉、弟、息子、孫もパリ・オペラ座のダンサーとなった。最後にパリ・オペラ座の舞台に立ったのは、フランス革命末期の一八〇〇年、孫のダンサーのデビューに合わせた出演であった。

ヴェストリスは同世代のノヴェールから大きな影響を受け、バレエマスター時代には、パリ・オペラ座でパントマイム・バレエを上演することに尽力した。ノヴェールが振付けた《メデアとイアソン》を自ら改訂して主演したときには、それまでダンサーが被っていた仮面を着けず、初めて素顔で演技したことでも知られている。

性格は傲慢《ごうまん》で虚栄心が強かった。一七五四年にはパリ・オペラ座での姉の配役に腹を立てて当時のバレエマスターに決闘を申し込み、投獄されている。また、彼が「ヨーロッパには偉大な人物は三人しかいない。フリードリヒ大王とヴォルテールと私だ」と豪語したという逸話が残っている。フリードリヒ大王とは、プロイセンの啓蒙専制君主、フリードリヒ二世のことだ。図5－4は、肖像画・風景画に優れた十八世紀イギリスの画家、トマス・ゲインズバラの描いたヴェストリスである。

十八世紀第四世代──ガルデルとギマール

マクシミリアン・ガルデル（Maximilien Gardel, 1741–1787）はドイツ生まれで、ヴェストリスと同様、パリ・オペラ座でパントマイム・バレエの実践に貢献したダンサーである。父はポーランド宮廷のバレエ教師であり、ドイツ南西のマンハイムで生まれて、一七五九年にパリ・オペラ座でデビューした。七二年、ヴェストリスの代役としてトラジェディ・リリック《カストルとポリュクス》のアポロ役を依頼された時、ガルデルは重い鬘と仮面を外すことを条件に承諾した。ヴェストリスとガルデルというスターによって、バレエで男性ダンサーが仮面無しで踊ること、素顔で感情を表現することができるようになった。

ガルデルは八一年から、ノヴェールの後を継いでパリ・オペラ座のバレエマスターを務めた。農村を舞台とした二つの作品、《宮廷のニネット》（七八）、《ラ・ロシエール》（八三）を初めとして、大衆受けする作品をいくつも作った。しかし、革命直前の八七年、四十代半ばで惜しまれつつこの世を去る。爪先の小さな怪我からの感染症が死因だった。

もう一人の第四世代、マリー＝マドレーヌ・ギマール（Marie-Madeleine Guimard, 1743–1816）は、パリに生まれ、「舞踊の女神」と呼ばれて劇場の内外で大きな影響力を持ったバレリーナである。パリ・オペラ座では、一七六二年にデビューしてから革命勃発の八九年に

図5－5　フラゴナールが描いたマリー＝マドレーヌ・ギマール

引退するまでの約三十年間、ノヴェール、ヴェストリス、ガルデルの振付作品を初めとする百を超えるバレエに主演し、パントマイム・バレエの実践に貢献した。どんな役柄でも踊りこなす演技力を持ち合わせており、カンプラ、ラモー、グルックの作曲したオペラ・バレエ、トラジェディ・リリックの数々に出演し、ルソーが作曲した《村の占い師》、モーツァルトが作曲した《レ・プティ・リアン》にも主演している。彼女がロンドンで踊ったのは一シーズンのみだったが、イギリスでも熱狂的に受け入れられた。ノヴェールは『手紙』で、ギマールの優美さと艶美さが組み合わさった演技を絶賛している。

ギマールは、ルソーの著作を愛読する才女であり、劇場の内部ではダンサーたちのリーダーとして強い発言力を持っていた。男女の経済的格差が激しかった時代に、男性ダンサーの高額な給料に異議を唱えて同額の給料を要求しており、フェミニズムの先駆者と位置付けられることもある。自分のためだけでなく、要求のためにダンサーたちの団結を促し、舞台のストライキさえしている。一方、十九世紀フランス自然主義の小説家エドモン・ド・ゴンクールは、ギマールをオペラ座を退廃させた陰謀の首謀者と名指しして非難している。

劇場の外でもギマールの影響力は大きかった。彼女は自分が貧しい階層の出身であることを隠さず、美貌《びぼう》と才能を武器にして、多くの有力な貴族男性や聖職者をパトロンとしており、その私生活はしばしばゴシップとして世間を騒がせた。彼女の舞台上の着こなしがパリの女性に流行したこともあった。豪華な私邸を建造したときには、その内装をフランスのロココ後期を代表するフラゴナールが担当し、新古典主義を代表するダヴィッドが引き継いで完成させている。図５－５は、フラゴナールの描いたギマールの肖像画である。

三代目「舞踊の神」オーギュスト・ヴェストリス

オーギュスト・ヴェストリス（Auguste Vestris, 1760–1842）はパリ生まれで、ガエタノ・ヴェストリスの息子である。父の愛人だったダンサーを母として生まれ、父の弟子となり、父の後を継いで「舞踊の神」と呼ばれる三人目の男性ダンサーとなって、ノヴェールのバレエ・ダクシオンで活躍した。父とは違って背は低かったが、回転技、跳躍技などで当代一のテクニックを披露した。テクニック偏重を嫌ったノヴェールも、オーギュストを「ヨーロッパで最も驚異的なダンサー」と称賛している。

パリ・オペラ座では、ギマールが引退するまでは、十七歳年上の彼女のパートナーを務めることが多かった。ノヴェールがバレエマスターを務めた時期には、モーツァルト作曲の《レ・プティ・リアン》や、グルック作曲のオペラ《アルケスティス》のパリ初演（一七七八）を踊っている。ノヴェールがパリ・オペラ座を去ってロンドンで活動するようになると、ロンドンのキングズ劇場でノヴェール作品の主役ダンサーとして踊るようになり、パリとロンドンを行き来して活躍した。フランス革命勃発後も、ナポレオン時代から王政復古の時代までパリ・オペラ座で踊り続けている。

オーギュストはパリ・オペラ座のバレエマスターにはならなかったが、教育者として優秀だった。十九世紀前半のロマンティック・バレエの立役者たちを育てたのは彼だったと言ってよい。第6章に登場する重要人物のうち、シャルル＝ルイ・ディドロ、ブルノンヴィル、ペロー、タリオーニ、エルスラーは、いずれもオーギュストが指導している。さらにクラシック・バレエの完成者プティパ（第7章）も、一時期オーギュストに師事している。

《ラ・フィーユ・マル・ガルデ》

フランス革命は一七八九年七月十四日、パリのバスティーユ監獄を武装した市民が襲撃したことで始まった。その二週間前、国王が三部会を強制的に解散してパリが騒然としていた頃、フランス南西部のボルドーで初演されたバレエが《ラ・フィーユ・マル・ガルデ》である。《ラ・フィーユ・マル・ガルデ》は、現在、世界で広く上演されている古典全幕バレエのうち、初演時と同じ筋立てで上演されている最古の作品である。

振付けたのはジャン・ドーベルヴァル（Jean Dauberval, 1742–1806）だった。ドーベルヴァルはフランス生まれで、前述の世代区分を当てはめれば、マクシミリアン・ガルデルと同じ第四世代である。若いときにはノヴェールに師事して、パリ・オペラ座でダンサーとして人気を博し、次席バレエマスターとなって、ガエタノ・ヴェストリス、マクシミリアン・ガルデルの補佐役を務めた。革命勃発の直前、ボルドーの劇場でバレエマスターを務めていたドーベルヴァルは、農家で娘が母親に叱られて泣いている一幅の絵（図5－6）を見つけ、そこから着想して《ラ・フィーユ・マル・ガルデ》の台本を書いた。当時としては、振付家が台本を自ら書くことは珍しかった。音楽にはフランスのさまざまな民謡が用いられた。そしてドーベルヴァルの作ったバレエは、ノヴェールのバレエ・ダクシオンの影響を受けたパントマイム・バレエだった。

図5－6　ドーベルヴァルが《ラ・フィーユ・マル・ガルデ》を着想した絵

フランス語の「ラ・フィーユ・マル・ガル

デ」を直訳すれば、「見張られそこねた娘」となる。物語の主人公は、村娘のリーズと、その恋人のコーラスである。リーズの母親シモーヌは、リーズを裕福な地主の息子アランに嫁がせようとして、リーズを家に閉じ込め、コーラスに会わせないようにする。しかし、コーラスがこっそり藁束《わらたば》の中に隠れてリーズの家に忍び込み、二人きりになるのに成功して、めでたく結婚するという筋立てである。興味深いことに、このバレエは、十九世紀に初演されて今も上演され続けている他の古典全幕バレエの数々と、人物の関係と物語の構造が共通している。すなわち、主人公の男女（リーズとコーラス）が恋人同士で、そのどちらかに結婚を迫る脇役（アラン）がいて、さらに主人公の関係を妨害する脇役（シモーヌ）が登場するという構造である（例えば後述する《ラ・シルフィード》、《ジゼル》、《パキータ》、《海賊》、《ドン・キホーテ》、《ラ・バヤデール》が同じ構造）。それが何を意味しているのかは第7章で考えたい。

《ラ・フィーユ・マル・ガルデ》は、バレエ・ダクシオンの典型的な実践例であると同時に、マクシミリアン・ガルデルの《宮廷のニネット》、《ラ・ロシエール》と並び、同時代に暮らす庶民を主人公とした最初期のバレエ作品だった。古代の神話・伝説や英雄譚など、高貴な物語を主題にすることを当然とする時代は、少しずつ変化していた。この主題の変化も、バレエの脱貴族化の一環である。なお《ラ・フィーユ・マル・ガルデ》は、ボルドー初演時は

《藁のバレエ、または禍から福へはひと跨ぎ》という題名で上演された。現代の日本では、《リーズの結婚》あるいは《リゼット》という題名で上演されることもある。

ピエール・ガルデル――フランス革命を乗り切ったバレエマスター

さて、一七八九年に始まったフランス革命では、政体がわずか十数年で「王政→立憲君主制→共和政→帝政」と移り変わった。九二年、共和政が宣言され、王政の復活を要求するオーストリア・プロイセン連合軍との戦争が進行する中、革命は過激化し、九三年、ロベスピエールを中心とするジャコバン派が台頭して、同年にルイ十六世とマリー・アントワネットが処刑された。しかし、翌年の「テルミドール九日のクーデター」でジャコバン派は失権。その後、イギリス、スペイン、オーストリア、プロイセン、ロシアによる対仏大同盟との戦争が拡大する中、ナポレオン・ボナパルトが次々と戦果を上げて名声を獲得し、九九年、「ブリュメール十八日のクーデター」で政権を握ったところで、革命は実質的に終焉《しゅうえん》した。一八〇四年、ナポレオンは帝位につき、フランスの短い帝政の時代が始まった。

このような政治的激動の中心地はパリだったが、パリ・オペラ座では、さほど途切れることなく、バレエが上演され続けた。もちろん危機がなかったわけではない。そもそもフランス革命の原因の一つは国家財政の窮乏であり、パリ・オペラ座の経営も破綻寸前だった。革命が勃発すると、オペラ座には王室の劇場として厳しい目が向けられたし、武装した市民による劇場の襲撃も起こっている。そのような困難な時期にあって、パリ・オペラ座のバレエは、強い指導力をもったバレエマスター、ピエール・ガルデルの政治力によって守られ続け、上演され続けたのである。

ピエール・ガルデル（Pierre Gardel, 1758–1840）はマクシミリアン・ガルデルの十七歳年下の弟で、オーギュスト・ヴェストリスと同じ、第五世代のダンサーである。ピエールは、フランス北東のナンシーで生まれ、パリ・オペラ座で兄マクシミリアンの弟子となり、七二年にデビューして、すぐにトップダンサーとなった。革命直前の八七年、急逝した兄の後を継いでパリ・オペラ座のバレエマスターになった。ピエールもまたノヴェールのバレエ・ダクシオンの信奉者だった。ピエールは兄と異なり長命で、一八二七年までバレエマスターを務めている。現在に至るまで、パリ・オペラ座バレエで二十五年以上バレエマスターまたは芸術監督を務めたのは、ペクール（四十二年間）、ピエール（四十年間）、リファール（二十六年間。第8章）の三人のみである。

革命が勃発すると、貴族趣味に反発した民衆の間に古代ギリシア趣味が流行した。ピエールは、それを舞台にいち早く取り入れて作品を作り、大ヒットさせた。一七九〇年二月に初演した《カリプソの島のテレマック》は、ギリシア神話を題材としたもので、フープスカートなど重厚な衣装をすべて止め、ギリシア風のシンプルな衣装を用いた。オデュッセウスの息子テレマコス（仏語：テレマック）が女神カリプソの島を訪れ、女神エピシャリと恋仲になってカリプソの嫉妬と怒りを買い、命からがら逃げ出すという物語である。多数の女性ダンサーが薄着で官能的なニンフたちを演じたことも人気の原因だった。一八二六年の最後の上演まで、パリ・オペラ座で四百十六回も上演されている。

さらに同じ年の十二月に初演した《プシケ》は、もっと大きな成功をもたらした。やはりギリシア神話を題材としており、アモールとプシケの恋愛に対してヴィーナスが怒り、プシケを迫害するという物語である。ピエールが引退する一八二九年に最後の上演がされるまで、パリ・オペラ座で五百五十七回も上演されている。年間の上演回数も突出しており、一日一回の上演にもかかわらず、一七九六年だけで年間五十二回も上演された。

革命が激しくなってくると、ピエールは革命を賛美する作品も作っている。九二年に上演したオペラ《自由への捧げもの》は、ピエール自身が台本を書き、その筋立ては革命の象徴的な再現であった。自由のために農民たちが武器を集めて立ち上がり、そこへ自由の女神が登場し、最後に出演者が一斉に革命歌「ラ・マルセイエーズ」を歌った。観客も一緒に歌い出し、劇場全体の大合唱になったという。

この頃フランスでは、革命の意義を確認して国民の団結を促すために、革命を賛美する祭典が頻繁に開催されていた。権力を固めて秩序を維持するために祝祭・儀式が不可欠なのは、いつの時代も変わらない。パリの祭典では、オペラ座の俳優・ダンサーが出演することが多かった。九三年にノートルダム大聖堂で行われた「理性の祭典」では、ピエールの《自由への捧げもの》の台本が儀式の原案として採用され、オペラ座の女優が「自由と理性の女神」に扮した。また、九四年、ジャコバン政権末期に実施された革命期最大規模のイベント「最高存在の祭典」にも、オペラ座が深く関与した。

ピエールは振付家として多作で、《パリスの審判》(一七九三)、《スキロス島のアキレス》(一八〇四)、《ペルセウスとアンドロメダ》(一〇)など多数のバレエを作っている。モーツァルトのオペラ《ドン・ジョヴァンニ》がパリ・オペラ座で初演された時(〇五)、そのバレエ場面を振付けたのもピエールである。一八〇〇年に初演した《ダンス狂》は、バレエというよりも笑劇に近い作品だったが、これもヒットした。貴族的なバレエを揶揄する内容で、主人公の滑稽なダンス愛好者をピエール自身が演じた。パリで何度も再演され、スウェーデン(〇四)、ウィーン(〇五)でも上演された。また、マリウス・プティパ(第7章)は十代のデビューのときに、《ダンス狂》をブリュッセルで踊っている(三一)。

ピエールはパリ・オペラ座で絶対的な権力を振るい、自分の作品ばかりを上演して他の振付家の作品を上演せず、その独裁ぶりから「オペラ座のロベスピエール」と綽名《あだな》されることもあった。しかし、革命勃発からナポレオン戦争を経てウィーン体制に至るまでの激動期、パリ・オペラ座のバレエを守り続けたのは、間違いなくピエールの功績である。

第6章　ロマンティック・バレエの隆盛

――産業革命期のヨーロッパ

十九世紀前半のヨーロッパ

十九世紀前半、バレエは、現在一般の人々がイメージするようなスタイルと作品を獲得する。すなわち、女性が白いチュチュのスカートをまとい、爪先立ちになって軽やかに踊るスタイルと、今でも世界中で上演されている《ジゼル》や《ラ・シルフィード》などの古典全幕作品（複数の幕で構成され、上演に数時間かかる作品）である。

十九世紀前半、より正確には一八三〇年代から七〇年頃までにヨーロッパで上演されたバレエは「ロマンティック・バレエ」と呼ばれている。本章ではロマンティック・バレエについて、①ポアント技法（爪先立ちのテクニック）を初めとする舞台技術の革新、②ロマン主義の潮流を受けた作品テーマの変容、③ロマンティック・バレエのスタイルと作品を築いた振付家とダンサーたちという三つの視点から整理する。

時代背景となる十九世紀前半は、前世紀に発生した「産業革命」と「市民革命」の波がヨーロッパ全体に広がった半世紀である。まず西ヨーロッパと北アメリカにおいて、新興ブルジョワジーが経済と政治を実質支配する近代市民社会の形成が進行する。

経済では、産業革命で先行したイギリスが「世界の工場」と呼ばれる圧倒的な工業力と強大な軍事力を獲得し、前世紀に引き続いて覇権を握っていた。イギリスに続いて欧米各国で産業革命が始まり、産業構造が大きく変化して資本主義が発達していった。産業革命が始まった国々は国際的な経済力・軍事力を向上させる一方で、急激な工業化が、都市での大気汚染、労働環境の劣悪化、貧困層の拡大などの社会問題を生み出してゆく。

政治的には、ブルジョワジーを中心とする革新勢力と、特権貴族を中心とする保守反動勢力との攻防が繰り広げられ、「ナポレオン戦争」から「ウィーン体制」を経て、「一八四八年の革命」へと至る時期である。ナポレオンの大陸支配は自由主義とナショナリズムの思想を広めたが、彼の敗退により「ウィーン会議」（一四～一五）で保守反動的な体制が一時的に復活した。しかし、スペイン立憲革命（二〇）、フランス七月革命（三〇）が成功し、ギリシア、ベルギーが独立するなど、自由主義とナショナリズムの反乱が各国で起こった。さらに四八年、フランスの二月革命、ウィーンとベルリンでの三月革命でウィーン体制は崩壊した。

文化的には「ロマン主義」の時代である。十九世紀前半のヨーロッパ文化は、文学、美術、音楽、演劇、いずれのジャンルもロマン主義が共通の潮流だった。文学ではハイネ、バイロン、ゴーチエ、ホフマン、グリム兄弟、美術ではジェリコ、ドラクロワ、音楽ではシューベルト、メンデルスゾーン、ショパン、シューマンが活躍した。そして演劇においては、ユゴーの『エルナニ』初演（三〇）がロマン主義演劇の先駆けとなり、ロマンティック・バレエの誕生を促したのである。

舞台技術の革新と観客層の交替

バレエ史においては、ノヴェールの名前があまりに偉大なため、ロマンティック・バレエもノヴェールの業績の延長のように思われがちだが、十八世紀後半のパントマイム・バレエと十九世紀前半のロマンティック・バレエの間には断絶が存在している。なぜなら、この時代にバレエの舞台技術と作品テーマが大きく変わったからである。

まず舞台技術の変化から説明しよう。バレエの舞台技術は、衣装、舞台美術、舞踊のテクニック、そして女性の群舞に関して、この時代にそれぞれ大きな変化が起こった。

衣装は、頭の先から足元まで軽くなり、動きやすいものに変化した。十八世紀半ばまでのバレエダンサーは基本的には王侯貴族と同じ衣装で、頭には鬘を被り、女性は重いフープスカートをまとい、金属のバックルの付いた靴を履いて踊っていた（第4章）。前章までにカマルゴ、サレ、ヴェストリス父、ガルデル弟がそれぞれ衣装の改革をしたことを述べたが、フランス革命期には貴族的な鬘、フープスカート、バックル付きの靴がすっかりなくなり、衣装はいっそう軽量化した。とりわけ女性の衣装は、モスリンを用いた薄く軽い布地が好まれ、やがてそれが、女性の下半身を足首までふわりと覆うロマンティック・チュチュへと進化してゆく。

舞台美術に関しては、ワイヤー、緞帳《どんちょう》幕、ガス灯の利用が大きな変化だった。まず十八世紀末、シャルル＝ルイ・ディドロ（Charles-Louis Didelot, 1767–1837）がワイヤーを用いる演出を発明した。彼はロンドンで上演した《フロールとゼフィール》（一七九六）で、女性ダンサーをワイヤーで吊り上げて、空中を浮遊・滑空するように見せたのである。そしてこの技術が、やがてワイヤー無しで爪先立ちで踊る技法へと発展する。一八二〇年代になると、緞帳幕を上げ下げする演出が登場した。それまでは上演前も休憩中も幕を下ろさないのが当たり前であったが、緞帳幕の昇降で舞台の情景が一気に見え隠れすることで、演劇的な効果が高くなった。同じ頃、舞台照明にガス灯が導入された。それまで照明はロウソクと灯油ランプだったので、ガス灯の明るさは画期的だった。しかもガス灯は明度の調整が可能であり、これも演劇的な効果を高めるのに大きな役割を果たしたのである。

舞踊のテクニックに関しては、跳躍・回転の難度が上がり、さらに女性のポアント技法が普及した。ノヴェールはテクニックを偏重する傾向を批判し、『舞踊とバレエについての手紙』に「カブリオールやアントルシャなどの、余りに複雑なパ（＝バレエのステップ）、そんなものは捨てたまえ」と書いたが、現実にはアクロバティックな動きは観客に大いに受けたので、バレエのテクニックの高度化は止まらなかった。カブリオールとアントルシャは、どちらも「バットゥリー」と総称されるステップの一種である（第4章）。

バレエのテクニックは特にイタリアで高度化が進み、跳躍はより高く、より遠く、回転はより速く、より多く、ステップはより複雑になってゆく。足を上げる高さも、膝より高く上げるのは下品とされていたものが、十九世紀に入ると腰の高さまで上げるようになり、さらにもっと高く上げるようになってゆく。それに伴い、ターンアウトで爪先を外へ開く角度も、かつての四五度位から九〇度へと近づいていった（序章・第4章）。

女性ダンサーは、より軽やかに、重力の制約を感じさせず、空中を浮遊・滑空するかのように踊るために、踵を高く上げたまま踊る技術を身につけた。踵を上げることは、素早くたくさん回転するためにも必要だった。そして一八一〇年代には、完全に爪先立って踊るダンサーが登場した。例えば、ファニー・ビアスというパリ・オペラ座のダンサーが爪先立ちで踊っている石版画（一八二一）が有名である（図6－1）。このポアント技法をいつ誰が完成させたのかは、未だ謎のままだ。しかし、ポアント技法が普及したきっかけは、三二年、マリー・タリオーニ（後述）が《ラ・シルフィード》を踊ったことだった。そして現在に至るまで、トウシューズの改良を含めて、バレエは女性ダンサーのポアント技法という他の舞踊にない特殊なテクニックを継承・発展させてきたのである。

バレエの技術が高度化するにしたがって、バレエダンサーになるための訓練も過酷になっていった。十七世紀にピエール・ボーシャンが示したターンアウトの基本ポジションも、股関節から下肢全体を外旋して、爪先を外へ九〇度開くことが基本となってゆく。訓練無しにはできないポジションである。こうしてバレエは身体改造の必要な芸術となった。

この時代、ダンス・デコールのさらなる理論化、体系化に貢献したバレエ教師がカルロ・ブラジス（Carlo Blasis, ca.1795–1878）である。ブラジスはイタリア、ナポリ生まれのダンサーで、ダンサー引退後にミラノ・スカラ座付属バレエ学校の校長となった。彼はダンス・デコールの理論、技法、教育法をまとめた重要な著作をいくつも執筆している。代表作『テルプシコーレの法典』は、一八二八年にロンドンで出版され、三〇年にはパリで『完全舞踊教本』というタイトルで再版された。今日用いられているバレエに関す

図6－1　ファニー・ビアスの石版画

る語彙《ごい》の多くは、彼の著作に負うところが大きい。

　以上のような舞台技術の革新は、バレエの観客層が王侯貴族から新興ブルジョワジーの男性たちに交替したことに対応していた。フランス革命の結果、かつて観客の中心にいた王侯貴族たちは劇場から姿を消し、それに代わって劇場に集まるようになったのは、貴族的な文化に憧れを抱いていた新興ブルジョワジーの男性たちであった。そして、ブルジョワジーの男性たちを魅了したのは、神話・伝説をテーマとしてダンサーがパントマイムで物語を演ずる舞台ではなく、ロマン主義的なテーマで、女性ダンサーたちが薄い布地の衣装を着て軽やかに飛び跳ね、アクロバティックに回転して踊る姿だったのである。

　その結果、バレエ作品において女性の群舞は欠かせないものとなってゆく。ピエール・ガルデルの《カリプソの島のテレマック》は、多数の女性ダンサーが薄着で官能的なニンフたちを踊って人気となった（第5章）。その後もガルデルの作品では、薄着の女性たちの群舞が定番となる。この女性群舞が、やがてロマンティック・バレエの《ラ・シルフィード》や《ジゼル》の女性群舞へ発展してゆく。

　また、主役においても女性に注目が集まるようになり、男性ダンサーの影はだんだん薄くなってゆく。ブルジョワジー男性の視線の下、女性ダンサー中心の時代が始まったのである。

ロマン主義が変えたバレエ

次は作品テーマの変化について述べよう。この時代にバレエは、神話・伝説・英雄譚ではなく、ロマン主義的なテーマを中心に据えるようになった。ロマン主義とは、産業革命と市民革命の「二重革命」を背景として、①古典主義の超克と②非日常への憧憬という二つのモーメントが重なり合って生まれた芸術思潮である。

古典主義は、十八世紀の啓蒙主義と貴族文化が重なり合った芸術思潮であり、理性を重んじて厳格な規則を設け、安定した構成、普遍的な美を求めるものだった。これに対し、二重革命で経済と政治の構造が激変し始めると、理性よりも感性、安定よりも変化、普遍性より個性を求める芸術が台頭する。これがロマン主義である。ロマン主義の芸術家たちは想像力と個別性を尊重し、伝統的な様式から解放されて創作しようとした。

同時に経済と政治の激変は、新たな多くの社会問題と度重なる戦争を引き起こし、ヨーロッパの人々の精神に、不安や焦燥や重圧感をもたらした。この抑鬱的な社会心理は、芸術においては現実からの逃避願望を生み、想像力と個別性を重んじる芸術家たちに非日常的で神秘的な世界を題材とする志向を与えた。ロマン主義芸術の典型的な題材は、恋愛、幻想、狂気、異界、異国である。文学ではハイネが恋愛の不条理を称え、美術ではドラクロワが革命の激情を描き、音楽ではショパンが詩情をピアノに託した。

そしてバレエはロマン主義と相性が良かった。まず、上述したバレエの舞台技術の革新が、貴族文化的な古典主義芸術からの離脱となった。しかも、その技術は、劇場で非日常を演出するのに適合していた。例えば、白い衣装をまとった女性たちの群舞、空中を浮遊・滑空するかのようなワイヤーの利用とポアント技法、ガス灯の光で照らされた幻想的な舞台は、妖精、精霊、魔法など、非日常的な世界を描くのにうってつけだったのである。

表6―1は、二十一世紀の現在でも基本的に同じ筋立てのままで、しかも世界の主要なバレエ団がレパートリーとしている十九世紀の古典全幕バレエを十五作品選び、その初演年、初演地、恋愛要素の有無、異界の場面の有無、舞台となっている異国を示したものである。異界の場面は、妖精の世界や冥界など明らかに非現実的な場面には○、睡眠中の夢や幻想、麻薬による幻覚とも解釈できる場面には△を付した。「舞台となっている異国」は、欧州外の異国には○、初演当時に観客がエキゾチシズムを感じた欧州内の異国（パリの観客にとってのイタリアやスペイン、ペテルブルクの観客にとってのフランスやドイツ）には△を付した。

表の通り、十九世紀の古典全幕バレエは、ほぼすべてが異国を舞台とし、物語の中心に主人公男女の恋愛を据え、ほとんどの作品が異界の場面を含んでいる。十九世紀前半のロマンティック・バレエだけでなく、十九世紀後半のクラシック・バレエ（次章）でも、恋愛、異界、異国というロマン主義的なテーマで作品が作られ続けたのである。

表6－1　19世紀に初演された古典全幕バレエ15作品

作品名（初演年）	初演地	恋愛	異界の場面	舞台となっている異国
ラ・シルフィード（1832）	パリ	○	○精霊の棲む森	△スコットランド地方
ドナウの娘（1836）	パリ	○	○精霊の棲む川底	△ドナウ地方
ジゼル（1841）	パリ	○	○精霊の棲む森	△ドイツ
ナポリ（1842）	コペンハーゲン	○	○精霊の棲む海の洞窟	△イタリア
エスメラルダ（1844）	ロンドン	○	特に無し	フランス
パキータ（1846）	パリ	○	特に無し	△スペイン
海賊（1856）	パリ	○	特に無し	△ギリシアまたはトルコ
ファラオの娘（1862）	ペテルブルク	○	△精霊の棲む川底の夢・幻覚	○エジプト
ドン・キホーテ（1869）	モスクワ	○	△精霊の棲む森の夢・幻覚	△スペイン
コッペリア（1870）	パリ	○	△自動人形が踊る部屋	△ガリシア地方
ラ・バヤデール（1877）	ペテルブルク	○	○精霊の登場する夢・幻覚	○インド
白鳥の湖（1877）	モスクワ	○	○悪魔が君臨する湖畔	△ドイツ
眠れる森の美女（1890）	ペテルブルク	○	○童話の登場人物が集まる宮廷	△フランス
くるみ割り人形（1892）	ペテルブルク	△	△お菓子の国の夢	△ドイツ
ライモンダ（1898）	ペテルブルク	○	△守護神の像が動く庭園の幻想	△フランス

（注）《コッペリア》は第二幕が「異界」と解釈可能（第7章）。《くるみ割り人形》の「恋愛」が△なのは、主人公クララとくるみ割りの王子の関係が擬似的な恋愛のため（第7章）。

三人のロマン派作家――ゴーチエ、ハイネ、ホフマン

古典主義の超克と非日常への憧憬という二つのモーメントで変容し、ロマン主義芸術の中心的位置に躍り出たバレエは、ロマン主義の芸術家たちからも熱烈に支持された。十九世紀の全幕バレエの創作には、三人のロマン派作家、ゴーチエ、ハイネ、ホフマンが関わっている。

テオフィル・ゴーチエはフランス生まれの詩人・作家である。ヴィクトル・ユゴーの戯曲上演を巡って古典派とロマン派が対立した「エルナニ事件」ではロマン派の先頭に立った人物で、小説『モーパン嬢』と詩集『七宝螺鈿《らでん》集』が代表作である。ゴーチエは美術・演劇評論家としても活動し、とりわけバレエの舞台批評を多く執筆しており、ロマンティック・バレエ期の女性スターダンサーたちへ熱烈な賛辞を送る記事を書いている。なかでもグリジという女性ダンサー（後述）を熱愛し、彼女の主演作のために、《ジゼル》（一八四一）と《ラ・ペリ（妖精）》（四三）という二つのバレエ台本を書いたことでバレエ史に名を刻んでいる。他にも《パクレット（ひなぎく）》（五一）、《ジェンマ》（五四）、《シャクンタラー》（五八）などの台本を書いた。また、ゴーチエの幻想小説『ミイラ物語』（五八）は、プティパの《ファラオの娘》（六二）の原作となった（第7章）。私生活でも、ゴーチエはグリジの姉

と結婚している。

そのゴーチエが崇拝した文学者は、ドイツ生まれの詩人・作家、ハインリッヒ・ハイネだった。ハイネは少年時代にフランス革命の思想に接し、生涯を通じて人類の解放をテーマとした「愛と革命の詩人」である。彼はドイツで反体制的な発言をしたため、七月革命を機にパリへ亡命した。パリではロマン派の詩人たちのみでなく、カール・マルクスら社会主義者とも親しく交友した。ゴーチエが《ジゼル》の台本を書くにあたって着想を得たのは、ハイネがパリで刊行したフランス語版『ドイツ論』の一節だった。ハイネ自身も、ロンドンの劇場のために《女神ディアナ》(四六)、《ファウスト博士》(四七)という二本のバレエ台本を書いているが、これらは実際には上演されなかった。

ゴーチエ、ハイネに先立ってロマン主義文学で活躍し、バレエに影響を与えたのが、ドイツ生まれの作家、エルンスト・テオドール・アマデウス・ホフマンである。ホフマンはロマンティック・バレエが誕生する前に亡くなっているし、バレエの台本は書いていないのだが、彼の作品は重要な古典全幕バレエの原作となっている。すなわち、ホフマンの怪奇小説『砂男』(一六)が《コッペリア》(七〇)の原作となり、幻想的な童話『くるみ割り人形とねずみの王様』(一六)が《くるみ割り人形》(九二)の原作となったのである(第7章)。また、ホフマンは作曲家・指揮者としても業績を残しており、《アルルカン》(〇八)というバレエ音楽を作曲している。

ロマンティック・バレエを誕生させたタリオーニ父娘

ロマンティック・バレエの幕を開けたのは、フィリッポ・タリオーニ（Filippo Taglioni, 1777-1871）とマリー・タリオーニ（Marie Taglioni, 1804-1884）の親子である。父フィリッポがバレエマスターとして娘マリーをプロデュースし、娘は十九世紀を通じて最も偉大な伝説的ダンサーとなった。

フィリッポ・タリオーニはイタリアのミラノに生まれ、パリでオペラ座のダンサーとして踊った後、一八〇五年、ウィーンで振付家としてデビューした。振付家としての彼は、フランス、ドイツ、イタリア、ポーランド、ロシアなど、ヨーロッパ中を旅しながら仕事をしている。三一年、フィリッポはパリで、マイヤーベーアのオペラ《悪魔のロベール》のバレエ場面を振付けた。それは埋葬された尼僧たちが夜中によみがえり、白い衣装をまとって群舞を踊る場面で、これがロマンティック・バレエの嚆矢である。

マリー・タリオーニは、フィリッポを父、デンマーク人の歌手を母として、スウェーデンのストックホルムで生まれた。マリーは父によるきわめて厳しい訓練によって鍛えられ、二二年、ウィーンで父の作品《若いニンフ、テルプシコーレの神殿に迎えられる》で初舞台を踏む。デビュー当初から、彼女の役柄は妖精であった。二七年、パリ・オペラ座に移ると、その痩せて細いからだ、長い手足を活かした詩情ある身のこなし、肉体の重みを感じさせない踊りぶり、そして何より空中を浮遊・滑空するようなポアント技法でスターとなった。《悪魔のロベール》のバレエで主役を踊ったのもマリーである。彼女以前にもポアントで踊ったダンサーはいたが、ロマン主義の目指した超自然の精神性、非肉体的な美を表現する手段としてポアント技法を使いこなしたのは、彼女が最初だった。ゴーチエはマリーを「天上の花の上を花びらをたわめることなく薔薇《ばら》色の爪先で歩く幸福な魂」と賛美している。

三二年、フィリッポの振付、マリーの主演で《ラ・シルフィード》がパリ・オペラ座で上演され、大好評を博した。これがロマンティック・バレエ最初の全幕作品である。原作は、フランス幻想文学の祖と呼ばれるシャルル・ノディエの小説《トリルビー、またはアーガイルの妖精》で、マリーが演じたのは空気または風の妖精シルフィードだった。

図6－2　《フロールとゼフィール》を踊るマリー・タリオーニ

物語の舞台はスコットランドの農村。第

一幕、若い農夫ジェームズが恋人エフィと結婚式を挙げる日、一人のシルフィードが現れてジェームズを誘惑する。結婚式の最中、そのシルフィードが結婚指輪を奪って森に逃げ去ったので、ジェームズは自分の結婚式を抜け出してシルフィードを追いかける。第二幕、森ではたくさんの妖精が舞い踊っている。ジェームズはシルフィードをつかまえるため、魔女に唆されて魔法のかかったスカーフでシルフィードをくるむ。すると、シルフィードは背中の羽が落ちて死んでしまう。ジェームズは絶望して森で息絶える。このように《ラ・シルフィード》は、異界への憧憬、現実逃避の願望を描いたロマン主義の典型的な作品であった。

その後もマリーはパリで、《ナタリー、あるいはスイスの乳搾り娘》(三二)、《ブラジリア、あるいは女たちの部族》(三五)、《ドナウの娘》(三六)など、父の振付作品の主役を踊り、トップスターの地位を十年間維持し続けた。三七年からは父と共にペテルブルクへ赴き、ここでも父の振付作品、《ジプシー娘》(三八)、《影》(三九)、《海賊》(四〇)などの主役を踊ってスターとなった。四七年に彼女がロシアを去った後、熱狂的なファンが競売で彼女のバレエシューズを買い取り、何人かで煮込んで食べたというエピソードがある。

フィリッポとマリー以外にも、タリオーニの一族からはロマンティック・バレエへの貢献者が輩出している。マリーの弟、ポール・タリオーニ(1808-84)は、姉のパートナーを務めてヨーロッパ各地で踊った後、ベルリンに定住して振付家となり、約四十の作品を手がけた。マリーの姪、ポールの娘、もう一人のマリー・タリオーニ（1833–91）もダンサーで、ウィーン、ベルリンで、父ポールの振付作品を数多く踊った。『美しく青きドナウ』で有名なヨハン・シュトラウス二世は、こちらのマリーを讃えて『マリー・タリオーニ・ポルカ』（一八五六）を作曲している。

フィリッポの弟、つまりマリーの叔父のサルヴァトーレ・タリオーニ（1789–1868）も、イタリアで二百以上ものバレエを作った多作な振付家である。さらにサルヴァトーレの娘、ルイザ・タリオーニ（1823–93）はパリ・オペラ座のダンサーとなり、サルヴァトーレの息子、フェルナンド・タリオーニ（1810–74）は作曲家となった。

ファニー・エルスラー――官能の踊り手

ロマンティック・バレエで活躍し、スターダンサーとなったのは、マリー・タリオーニだけではない。彼女のライバルとなった同時代の女性スターを四人紹介しよう。生年順に、エルスラー、チェリート、グリジ、グラーンである。

ファニー・エルスラー（Fanny Elssler, 1810–1884）はオーストリアのウィーンに生まれ、姉と共にウィーンのケルントナートーア劇場で踊り始めた。一八三三年、ロンドンのキングズ劇場で《フロールとゼフィール》の主役を踊って評判となり、翌年、シェイクスピアの戯曲

図6－3　《大きな鳥籠》を踊るファニー・エルスラー

を原作とした《嵐、あるいは精霊の島》で、パリ・オペラ座にデビューした。パリ・オペラ座の経営者がエルスラーを招き、タリオーニと並ぶスターダンサーに仕立てようと企てたのである。その目論見《もくろみ》通り、たちまちエルスラーはタリオーニと人気を二分するスターとなり、カマルゴとサレ（第4章）の再来と言われるようになった。

タリオーニもエルスラーもパリではオーギュスト・ヴェストリスに師事したが、二人の踊りは対照的だった。タリオーニの踊りが詩情に満ちて繊細なのに対し、エルスラーの踊りは情熱を孕んで官能的だった。百年前のライバルと比べれば、タリオーニが技巧派のカマルゴ、エルスラーが演技派のサレに対応するだろう。ゴーチエは、タリオーニを「キリスト教的」、エルスラーを「異教的」と形容している。

エルスラーは三六年、コラーリ（後述）振付の《松葉杖をついた悪魔》の中で、自らアレンジしたカチューチャを踊り、人気を不動のものとした。カチューチャはスペインの民族舞踊で、複雑な脚さばきとコケティッシュな動作が評判になった。その後もパリ・オペラ座で、ドーベルヴァル振付《ラ・フィーユ・マル・ガルデ》（三七）、姉のテレーズ・エルスラー振付《大きな鳥籠》（三八）、マジリエ（第7章）振付《ラ・ジプシー》（三九）を踊った。四〇年には大西洋を渡り、ロマンティック・バレエのダンサーとして初めてアメリカで踊っている。四八年からは、タリオーニと入れ替わるようにロシアへ赴き、《ジゼル》、《ラ・フィーユ・マル・ガルデ》などを踊って、タリオーニと同じく熱狂的な人気を巻き起こした。

ファニー・チェリート――イタリアの技巧派

ファニー・チェリート（Fanny Cerrito, 1817–1909）はイタリアのナポリに生まれ、ブラジスに師事し、ナポリの劇場でデビューした。ローマ、トリノ、ウィーンなどで踊り、一八四〇年以降、ロンドンのハー・マジェスティーズ劇場で活躍して大スターとなった。ハー・マジェスティーズ劇場は、ヴィクトリア女王の即位で名前を変えた元キングズ劇場である。ロンドンでは、パリ・オペラ座で《ジゼル》（四一）を成功させて有名になっていたジュール・ジョゼフ・ペロー（Jules Joseph Perrot, 1810–1892）振付の《アルマ、あるいは火の娘》（四二）、《オンディーヌ》（四三）の初演をヒットさせた。彼女の踊りは高さ、速さ、軽さが卓越しており、ポアント技法も見事だった。

チェリートは、ウィーンで共演したパリ生まれのダンサー、アルチュール・サン゠レオン

(Arthur Saint-Léon, 1821–1870) と結婚している。ロンドンではサン＝レオンと《オンディーヌ》などで共演し、またサン＝レオン振付の《酒保の娘》(四四) を踊った。パリ・オペラ座ではサン＝レオンが改訂した《大理石の娘》(四七) の主役を踊って成功し、サン＝レオン振付の《悪魔のヴァイオリン》(四九) もヒットさせた。サン＝レオンは五〇年からパリ・オペラ座のバレエマスターとなるが、その翌年に二人は離婚。その後、チェリートはオペラ座でゴーチエが台本を書いた《ジェンマ》(五四) を自ら振付けて主演し、五五年にはペテルブルクでも《大理石の娘》を踊ってスターとなった。一方、サン＝レオンは《コッペリア》(七〇) の振付家として名を残している (第7章)。

カルロッタ・グリジ――《ジゼル》初代主役

カルロッタ・グリジ (Carlotta Grisi, 1819–1899) は名作《ジゼル》の初代主役として、バレエ史に永遠にその名を刻んでいる。彼女はイタリアとの国境に近いクロアチアのヴィジナダに生まれ、ミラノ・スカラ座のバレエ学校で学んでデビューし、イタリア巡業中にペローと出会った。当時二十五歳のペローは、まだ十六歳のグリジの才能を見抜き、また恋愛感情を抱いて、彼女の公私にわたるパートナーとなった。グリジはマダム・ペローと名乗るようになるが、二人は結婚しなかった。

三六年、グリジはペローと共にロンドン、パリ、ウィーンを巡業するが、最初はペローの方がダンサーとして注目されていた。ペローは、ロマンティック・バレエ期には珍しい男性スターだったのである。しかし、四〇年、パリ・オペラ座が入団を認めたのはグリジのみだった。彼女はゴーチエの目に止まり、その熱愛を受けて《ジゼル》が初演されることになる。台本は、ゴーチエがハイネの著作に着想を得て発案し、サン＝ジョルジュ侯爵ジュール＝アンリ・ヴェルノワと共同で書き上げた。振付は、パリ・オペラ座の当時のバレエマスター、ジャン・コラーリ（Jean Coralli, 1779–1854）とペローが共同で行った。ただし、グリジの踊りの部分はすべてペローが振付けている。

《ジゼル》の舞台はドイツあるいはシレジア地方の農村である。第一幕、農家の娘ジゼルはロイスと名乗る青年に恋をしている。しかし、ロイスは実はアルブレヒト伯爵（または公爵）の変装で、婚約者も存在していた。裏切られたことを知ったジゼルは衝撃のあまり正気を失い、狂乱し、死んでしまう。第二幕はジゼルの墓のある夜の森。夜になると死霊ウィリたちが女王ミルタに率いられて出没し、男たちを死ぬまで踊らせて殺している。ジゼルも墓から蘇り、ウィリの仲間となる。アルブレヒトがジゼルの墓参りにやって来たので、ジゼルはミルタに彼を殺さないよう懇願《こんがん》するが、ミルタは許さない。しかし、朝の光が差し込み、ウィリたちは力を失い、アルブレヒトは九死に一生を得て幕が下りる。《ラ・シルフィード》と同じく、異界への憧憬、現実逃避の願望を描いたロマン主義の典型的な作品である。

一八四一年、グリジの誕生日に上演された《ジゼル》の初日は大成功だった。グリジは、タリオーニとエルスラーの長所を併せ持っていると評論家から絶賛され、一躍大スターの仲間入りをした。まもなく《ジゼル》はロンドン、ミラノ、ニューヨーク、ペテルブルク、モスクワで上演され、国際的なヒット作となった。その後、十九世紀後半に上演されなかった時期はあるが、現在まで上演され続ける人気作であり、パリ・オペラ座だけでも通算七百回以上上演されている。

グリジは、ゴーチエ台本、コラーリ振付の《ラ・ペリ（妖精）》（四三）や、マジリエ振付の《パキータ》（四六）初演も成功させた。またモーツァルトのオペラ《ドン・ジョヴァンニ》のバレエ場面をペローの振付で踊っている。ロンドンのハー・マジェスティーズ劇場では、ヴィクトル・ユゴーの『ノートルダム・ド・パリ』を原作としてペローが制作した《エスメラルダ》（四四）もヒットさせた。その後ペローとは別れたが、ペテルブルクでもペロー振付の《妖精と漁師》（五一）や《ジゼル》を踊って人気を博した。

ルシル・グラーン――北欧のスター

ルシル・グラーン（Lucile Grahn, 1819–1907）はデンマークのコペンハーゲンに生まれ、当時デンマークのバレエ界を率いていた振付家ブルノンヴィル（後述）に師事し、その秘蔵っ子として育てられた。コペンハーゲンでは、ブルノンヴィル振付の《ヴァルデマール》（一八三五）、《ラ・シルフィード》（三六）、《ドン・キホーテ》（三七）の主役を次々と踊って、十代でスターとなった。しかし、やがてブルノンヴィルとの関係が険悪になり、三八年にデンマークを脱出してパリ・オペラ座に入団した。その頃タリオーニは拠点をペテルブルクに移していて、グラーンは九歳年上のエルスラーのライバルとなった。パリでは、フィリッポ・タリオーニ振付の《ラ・シルフィード》の主役を踊り、モーツァルトのオペラ《ドン・ジョヴァンニ》のバレエ場面をコラーリの振付で踊っている。

グラーンはタリオーニ、エルスラー、チェリート、グリジの長所をすべて備えたダンサーとまで賞賛された。ペテルブルクへも赴き、グリジよりも先に《ジゼル》の主役を披露している（四三）。また、ロンドンのハー・マジェスティーズ劇場では、ペロー振付の《エオリーヌ》（四五）、《カタリーナ、または盗賊の娘》（四六）の初演で主役を踊っている。五六年にダンサーを引退したが、その後ライプツィヒやミュンヘンでバレエミストレス（女性のバレエマスター）を務め、リヒャルト・ワーグナーの楽劇の上演を手伝っている。

さて、今も各国のトップスターが競演する公演はたいへん人気があるが、本章で紹介した五人の女性スターは、一八四〇年代にロンドンのハー・マジェスティーズ劇場で、ペローの

図6−4　《パ・ド・カトル》（左からグリジ、タリオーニ、グラーン、チェリート）

振付により競演している。まず《パ・ド・ドゥ》（四三）でエルスラーとチェリートが競演した。この成功を受けて上演された《パ・ド・カトル》（四五）は、タリオーニ、チェリート、グリジ、グラーンの四人が競演する豪華な舞台で、ロマンティック・バレエの代表作として有名である（図6−4）。四回しか上演されなかったが、ヴィクトリア女王も鑑賞している。《パリスの審判》（四六）では、タリオーニ、チェリート、グラーンの三人が競演した。これはトロイアの王子パリスが三人の女神に誰が最も美しいかを判定させられたというギリシア神話を元にした作品で、振付をしたペロー自身がパリス役を演じた。

なお、《パ・ド・カトル》は現在でも上演されているが、これは一九四一年に振付家アントン・ドーリンが当時の絵を元に復元した作品である。

デンマーク独自のバレエ・スタイル

五人の女性スターの生誕地が、スウェーデン、オーストリア、イタリア、クロアチア、デンマークとさまざまであることからわかるように、ロマンティック・バレエはヨーロッパ中へ広がっている。その中でも独自の発展をしたのがデンマークである。

十九世紀前半、デンマークはナポレオン戦争でナポレオン側に付いてスウェーデン軍に敗れたため、政治・経済的な危機に瀕《ひん》していた。そのためにデンマークでは国民主義的な文化活動が活発になり、ロマン主義が隆盛を極めていた。「デンマーク黄金時代」と呼ばれる時期である。絵画、彫刻、建築、音楽、文学、哲学などの領域で優れた創作活動が行われており、その立役者として、詩人・小説家のインゲマン、童話作家として有名なアンデルセン、実存主義哲学の先駆者であるキェルケゴール、そしてバレエ振付家のブルノンヴィルの名前を挙げることができる。

オーギュスト・ブルノンヴィル（August Bournonville, 1805–1879）はデンマークのコペンハーゲンに生まれた。父親はフランス出身で、デンマーク王立歌劇場のバレエマスターを務めていた。同歌劇場で十五歳からダンサーとして踊り始めるが、まもなくパリへ赴いてオーギュスト・ヴェストリスに師事し、パリ・オペラ座に入団して、一歳年上のスター、マリー・タリオーニの相手役として活躍した。三〇年、ブルノンヴィルは父の後を継いでデンマーク王立歌劇場のバレエマスターに就任する。そして七七年に引退するまで、デンマークの舞台芸術を半世紀近く牽引し続けた。

バレエマスターとなったブルノンヴィルは、デンマークのロマン主義文学を手本にしてバレエの芸術性を高めた。同国のロマン主義文学は民族主義と結びついており、北欧の神話、伝説、歴史などを素材として、詩、小説、戯曲が創作されていた。ブルノンヴィルは、デンマーク中世史に基づいてインゲマンが書いた叙事詩『ヴァルデマール大王と臣下たち』を原作とし、自ら台本を書き、全幕バレエ《ヴァルデマール》（三五）を作った。これは興行的に大成功だった。その後も彼はインゲマンの歴史小説を原作とした《エリク・メンヴェド王の少年時代》（四三）、デンマークのトロール伝説を題材とした《昔話》（五四）などを創作した。

ブルノンヴィルは、パリ・オペラ座とは異なる《ラ・シルフィード》を創作したことでも有名である。当初彼はフィリッポ・タリオーニが振付けた《ラ・シルフィード》をコペンハーゲンで上演しようとしたが、音楽の使用料が高額で支払えなかったため、新たにノルウェーの作曲家レーヴェンショルドに音楽を依頼し、三六年、独自の演出・振付で上演した。物語が同一だったために盗作だと非難されたが、主演のグラーンの演技の素晴しさもあって評判となった。グラーンの相手役はブルノンヴィル自身が演じた。

ブルノンヴィルはロマン主義的な異国趣味のバレエも色々と創作している。特に彼自身のイタリア滞在の経験を活かして作られた《ナポリ、あるいは漁師と花嫁》（四二）と《ジェンツァーノの花祭り》（五八）は人気を博した。前者は今でも《ナポリ》のタイトルで全幕上演される人気演目である。

ブルノンヴィルが確立したバレエの技法は、彼の弟子たちが体系化して継承し、今では「ブルノンヴィル・メソッド」と呼ばれている。その特徴は、上半身を優雅な姿勢に保ったままでの素早い足さばき、生き生きとして軽快なステップ、跳躍して両足を素早く打ち合わせる動き（バットゥリー）などで、このスタイルは現在に至るまでデンマーク・バレエの伝統として継承されている。また、パリでは男性ダンサーが軽視されていたが、男女のダンサーが同等に踊るのも特徴だった。

ブルノンヴィルはデンマーク・ロマン主義の中心人物となり、インゲマン、キェルケゴール、アンデルセンなどの知識人たちと親しく交友した。哲学者セーレン・キェルケゴールとは、共に散歩をしながら語り合うのを好んだという。そして同い年のハンス・クリスチャン・アンデルセンとも親友だった。

童話作家アンデルセンのバレエ愛

アンデルセンは童話作家として有名だが、若い頃はオペラ歌手を目指しており、コペンハーゲンの王立歌劇場付属バレエ学校で学び、ダンサーとして舞台にも立っている。しかし、

図6－5　アンデルセンの切り絵

舞台で成功しなかった彼は、詩、小説、戯曲の創作に打ち込んだ。文学者として名を成してからも、アンデルセンはバレエを深く愛した。切り絵が得意だった彼は、バレエダンサーやバレエの舞台を題材とした切り絵を数多く製作している（図6－5）。

アンデルセンの童話は、二十世紀になってバレエ史の重要人物の創作意欲を刺激し、多くの作品がバレエ化されている。例えばニジンスカは『雪の女王』を原作に《妖精のくちづけ》（一九二八）を振付け、リファールは『皇帝の新しい着物』を原作に《裸の王様》（三六）を作り、マシーンとヘルプマンは『赤い靴』を原作としたバレエ映画で振付を担当し（四八）、バランシンは『錫《すず》の兵隊』をバレエ化している（七五）。ニジンスカ、マシーン、バランシンは、二十世紀初頭にバレエ史を大きく転換させた「バレエ・リュス」の振付家たちであり、リファールはそのバレエ団で踊ったダンサーである（第8章）。

第7章　クラシック・バレエの確立
——帝政末期のロシア

十九世紀後半のヨーロッパ

十九世紀前半にヨーロッパ全域へ広がったロマンティック・バレエの流行は、同じ世紀の後半になると終息する。一八七〇〜一九一〇年のおよそ四十年間は、西欧のバレエの停滞期であった。この時期、西欧に代わってバレエという芸術を育てたのはロシアである。

時代背景となる一九世紀後半は、「産業革命」の進展により、資本主義を原動力として近代市民社会がいっそう成長し、同時に欧米諸国の「帝国主義」が世界を席巻した。

経済ではイギリスの覇権が続き、ヴィクトリア女王の時代（在位一八三七〜一九〇一）に香港、インド、ビルマを次々と植民地化し、その他の東南アジア、アフリカにも進出して大英帝国（第二帝国）が完成した。まもなくイギリスに続いて、産業革命で急速に工業化を進展させる国々が出現する。産業革命を遂行したおよその順番は、まずベルギー、ドイツ、フランス、続いてオランダ、アメリカ、少し遅れてイタリア、ロシア、日本であった。

　政治的には、「一八四八年の革命」で自由主義とナショナリズムの運動が連鎖的に起きた後、ヨーロッパの国々は国民が主権を持つ主権国家（国民国家）へと再編されてゆく。イタリアは「リソルジメント」を遂行して国家統一を達成し（七〇）、ドイツもプロイセンを中心にして国家の統一を成し遂げた（七一）。フランスはルイ・ナポレオン（ナポレオン三世）による第二帝政（五二～）から、第三共和政（七〇～一九四〇）へと移り変わった。

　十九世紀末に近づくと、各国の資本主義がいっそう発達して、巨大企業（独占資本）が国家権力と結びつき、軍事力で勢力圏の拡大を図る「帝国主義」の時代が到来した。すなわち、産業革命を遂行した欧米諸国および日本が、原料の供給地と製品の市場を海外に求めて、アジア・アフリカでの植民地の争奪戦にこぞって参入する時代となったのである。

　文化的には「ポスト・ロマン主義」と「自然科学」の時代である。ロマン主義に入れ替わるようにして、文学では写実主義（スタンダール、バルザック）、自然主義（ゾラ、モーパッサン）が、美術では自然主義（ミレー、コロー）、印象派（モネ、セザンヌ、ドガ）が登場し、音楽では後期ロマン派（ワーグナー、マーラー）、国民楽派（ムソルグスキー、ドヴォルザーク）が活躍した。バレエ音楽の革新者であるチャイコフスキーは後期ロマン派に位置付けられるが、国民楽派と同様に民族主義的傾向も強い。

「自然科学」の進展も著しかった。十九世紀後半に発明されたものを列挙すれば、交通・輸送システムでは、内燃機関を使った自動車、電気機関車（電車）、飛行船など、記録・通信システム（メディア）では、写真フィルム、映画、ブラウン管、蓄音機、無線通信、電話などである。七〇年代になると、石炭と蒸気に代わって石油と電気を新しいエネルギー源とする「第二次産業革命」が始まり、資本主義の発展をさらに後押しした。

《コッペリア》――ロマンティック・バレエの終焉

十九世紀後半、どのようにロマンティック・バレエの流行が終息し、西欧のバレエが停滞期に入っていったのかを概観するため、国ごとに、後期ロマンティック・バレエを見てみよう。まずフランスについて述べ、その後イギリス、イタリアなどの国々を取り上げる。

フランス第二帝政期（一八五二〜七〇）、すなわち皇帝ナポレオン三世の時代を代表する振付家は、マジリエとサン＝レオンである。二人は共にパリ・オペラ座のバレエマスターを務めており、彼らの作品がロマンティック・バレエ最後の輝きとなった。

ジョゼフ・マジリエ（Joseph Mazilier, 1797–1868）はマルセイユに生まれ、《ラ・シルフィード》初演（一八三二）と《ドナウの娘》初演（三六）で、マリー・タリオーニの相手役を務めた。オペラ座のバレエマスターを務めたのは五三〜五九年で、《パキータ》（四六）、《海賊》(五六)、《マルコ・スパーダ、あるいは盗賊の娘》(五七)などの全幕作品を作っている。《パキータ》はナポレオン支配下のスペインを舞台とした作品で、異界の場面がなく、当時としては比較的近い過去を扱ったバレエとして特徴的であった(表6−1)。

アルチュール・サン゠レオンについては、前章でチェリートの公私にわたるパートナーとして紹介済みである。オペラ座のバレエマスターを五〇〜五三年に務め、その後ペテルブルクの帝室劇場のバレエマスターとなり、六三年にパリ・オペラ座へ戻って、バレエマスターには復帰しなかったが、七〇年に《コッペリア》を振付けた。

《コッペリア》は「最後のロマンティック・バレエ」と呼ばれている。舞台はポーランドとウクライナにまたがるガリシア地方の農村である。スワニルダとフランツは恋人同士だが、フランツは美しい娘コッペリアの姿を見て、浮気心を抱く。しかし、実はコッペリアは人間でなく、コッペリウス博士が作った機械仕掛けの自動人形だった。そうとは知らないスワニルダとフランツがコッペリアに会おうとして、それぞれ別々にコッペリウス博士の家に忍び込み、博士に見つかって騒動を起こす。結局はコッペリアが人形であることが判明し、二人は仲直りしてめでたく結婚する。

《コッペリア》の原作はホフマン(第6章)の怪奇小説『砂男』であるが、バレエでは怪奇的な要素が薄められ、恋人たちの思い違いや老博士の人形への恋慕を滑稽に描く喜劇となっている。第二幕、コッペリウス博士の家の工房では、自動人形が何体も踊り出したり、コッペリウス博士が魔術で人形に魂を宿らせようとしたり、非日常的・超自然的な情景が展開する。ロマン主義的な「異界」なのだが、コミカルに表現されており、《コッペリア》はロマンティック・バレエのパロディーと評されることもある。

《コッペリア》は、現在までのパリ・オペラ座での累積上演回数が第一位の人気演目である（一七七六〜二〇一四年の集計で九百三十七回）。ちなみに《ジゼル》が第二位に続いている（同集計で七百二回）。ロマンティック・バレエを代表する初期の悲劇と末期の喜劇が、一位と二位に並んでいるのは興味深い。

七〇年五月、《コッペリア》の初日は、皇帝ナポレオン三世夫妻も臨席して成功だった。しかし同作が久々の大ヒットとなったのも束の間、七月、「普仏戦争」が勃発した。九月、ナポレオン三世が捕虜となって第二帝政は崩壊し、パリはドイツ軍に包囲され、オペラ座は翌年まで活動を停止する。ナポレオン三世が捕虜となった同じ日、偶然にもサン＝レオンが心臓発作で急死した。以後半世紀にわたり、フランスのバレエが《コッペリア》のようなヒット作を生み出すことはなかった。

ロマンティック・バレエの終焉は、六〇年代以降、パリ・オペラ座でバレエの新作があまり作られなくなり、バレエの年間上演回数が大きく減少していたことに見ることができる。新作の数は、五〇年代は十二本、六〇年代は八本、七〇年代は五本と減っている。

もう一つ、フランスのバレエが芸術的な活力を失った理由として指摘されるのが、一部のダンサーの娼婦・愛人化である。そのきっかけは、三〇年代から始まったパリ・オペラ座の「アボネ」と呼ばれる「年間予約会員制」であった。これは裕福なブルジョワジーの男性が多額の年会費を支払って専用の桟敷席を確保し、さらに「フォワイエ・ド・ラ・ダンス」と呼ばれる舞台袖のリハーサル室に立ち入る特権を得るための制度であった。フォワイエ・ド・ラ・ダンスは、ブルジョワ男性が貧しい群舞の女性ダンサーと愛人契約の交渉をする場となった。ブルジョワ男性は金銭で欲望を満たすために女性ダンサーを物色し、一部の女性ダンサーも生活のために、自分を愛人にしてくれるパトロンを探すことを厭《いと》わなかった。

図7−1　エドガー・ドガ『エトワール』

印象派の画家エドガー・ドガは、七〇年代

図7－2　エドガー・ドガ『バレエのレッスン』

以降、このような退廃した時代のパリ・オペラ座に足繁く通い、女性バレエダンサーの絵画と彫刻を作り続けた。ドガの父親は銀行家で、ドガ自身、ブルジョワジーの出身であった。彼はオペラ座の楽屋、稽古場、フォワイエ・ド・ラ・ダンスを自由に出入りして制作しており、彼のデッサン、油彩、パステル画は、当時のオペラ座の貴重な記録となっている。図7－1は、一八七六年頃に描かれた『エトワール』と題されたパステル画で、下手（左手）の袖幕の背後には、ダンサーのパトロンと思われる黒いスーツを着た男性の首から下が描き込まれている。また図7－2は、七四年頃に描かれた『バレエのレッスン』と題された油彩画で、中央に杖を持って立ち、オペラ座のダンサーたちを指導している人物は、当時六十代のペロー（第6章）である。

資本主義の発展は経済格差を増幅し、貧困層が拡大した。貧しい女性にとって、セックスワークが裕福になるための数少ない手段だった時代である。女性ダンサーの一部が娼婦となったのはパリ・オペラ座だけではなく、マネが描いたミュージック・ホール「フォリー・ベルジェール」（六八年開場）でも、ロートレックが描いたレビュー劇場「ムーラン・ルージュ」（八九年開場）でも変わらなかった。

西欧でのバレエの衰退

十九世紀後半の西欧のバレエ界について、イギリス、イタリア、ドイツ、デンマークの順に概観する。

イギリスでは、一八四八年にペローがロンドンからミラノへ去ってから、バレエの衰退が始まる。かつてペローが活躍したロンドンのハー・マジェスティーズ劇場でも、オペラ、オペレッタが上演の中心となり、バレエの上演回数は減ってゆく。その他の劇場やミュージック・ホールでもバレエは上演されていたが、注目すべきバレエ作品は作られなかった。また、ロンドンの劇場にも年間予約会員制があり、オペラ座のフォワイエ・ド・ラ・ダンスのように愛人契約の交渉をするスペースも存在していた。ヴィクトリア朝時代のイギリスは、表向きは厳しい性規範が唱えられた一方で、大都市では売買春が横行し、ポルノグラフィが流行したことで知られている。

イタリアは、ルイジ・マンゾッティ（Luigi Manzotti, 1835–1905）の時代であった。彼はミラノに生まれ、一八七〇年代以降、大掛かりでスペクタクルなパントマイム・バレエで成功した振付家で、その代表作は、ミラノ・スカラ座で初演された《エクセルシオール》（八一）である。《エクセルシオール》は、国家統一を達成したイタリアのナショナリズムと十九世紀の科学技術の発展を背景に、「光」を主役、「闇」を敵役にして、人類の進歩を称賛する筋書きのバレエであった。六部十一場から構成された長大な作品で、人類の進歩を象徴する数々の情景を描いており、舞台上で蒸気機関車が走り、ヴォルタ電池が発明され、スエズ運河が建設され、イタリアとフランスを結ぶモンスニ峠のトンネルが開通する場面が観客を喜ばせた。このバレエは著しい成功を収め、ミラノで百日を超える連続公演をした後、十九世紀末までに、パリ、ウィーン、プラハ、ロンドン、さらにロシアとアメリカでも上演されている。

しかし、マンゾッティの作品はロマンティック・バレエとは趣を異にし、十八世紀のパントマイム・バレエの流れを引き継ぐものだった。そもそもイタリアでは、バレエよりもオペラの方がはるかに人気があった。バレエ史を刷新する作品はイタリアでも生まれなかった。

ドイツでは、マリー・タリオーニの弟、ポール・タリオーニがベルリンに定住し、五六〜八三年の間、ベルリン宮廷歌劇場のバレエマスターを務めた。彼はベルリンの宮廷作曲家ペーター・ルートヴィヒ・ヘルテルの音楽を用いて、ファウスト伝説を題材とした《サタネラ、あるいは変身》（五二）や、《ラ・フィーユ・マル・ガルデ》（六四）のオリジナル版を作っている。ポールのバレエは大掛かりで曲芸的な要素があって大衆受けはしたが、次の時代を作るための革新性は不十分であった。

デンマークでは、一八七七年にブルノンヴィルが引退した後も、彼の作品とメソッドを彼の弟子たちが大切に守り続けた。しかし、デンマーク以外の国々では、ブルノンヴィルのスタイルは古臭いと思われて広まらなかった。例えば、ブルノンヴィルの作品は男女のダンサーが組んで踊ることがほとんどなく、男女二人が同時に踊る時にはユニゾンまたはシンメトリーになって離れて踊った。そのようなダンスのスタイルは、バロック時代の遺物だと思われていたのである。

十九世紀のロシア・バレエ

ロマノフ朝ロシアでは、西欧からのバレエの輸入が十八世紀に始まった（第5章）。国家の近代化のため、時の支配層が西欧化政策を積極的に推進したことは、明治期の日本と同じである。バレエに関しては、ペテルブルクの帝室バレエ団に西欧から優れたダンサーと振付家を次々と招くことで、西欧の作品と技術と理論が持ち込まれた。

ロマンティック・バレエの時代には、西欧のスターダンサーたちが多数ペテルブルクへ招かれた。前章で紹介した女性スターたち、タリオーニ、エルスラー、チェリート、グリジ、グラーンの五人は、一人残らずペテルブルクで客演している。

十九世紀前半、ロシア・バレエの水準向上に大きく貢献した振付家は、《フロールとゼフィール》（一七九六）のロンドン初演で女性ダンサーをワイヤーで吊り上げる演出を発明したシャルル＝ルイ・ディドロ（第6章）である。ディドロは、ストックホルムでフランス人ダンサーの両親のもとに生まれ、パリ・オペラ座のダンサーとして踊った後、ロンドンで振付家として成功して、一八〇一年にペテルブルクへ招かれた。ディドロは西欧とロシアを行き来しつつ、三四年に引退するまでロシア・バレエの発展に尽くした。彼はロシアのバレエ教育を改革し、《フロールとゼフィール》や《ラ・フィーユ・マル・ガルデ》をロシアで初演し、ロシアの国民的詩人プーシキンの叙事詩をもとにしたバレエ《コーカサスの捕虜》（一八二三）など、多数のバレエを振付けた。当時、ディドロの人気は絶大だった。

ちなみにプーシキンはバレエ愛好者で、ディドロとも親交があり、彼のバレエを「当代のフランス文学全体よりも詩情がある」と述べた。プーシキンの韻文小説『エフゲニー・オネーギン』には、主人公オネーギンがバレエを鑑賞する場面が描写されており、プーシキンはオネーギンに「バレエにも長らく我慢してきたが／ディドロにはもううんざりだ」と、あえて皮肉っぽい台詞を吐かせている。

十九世紀後半、プティパの登場前、ディドロの後を継いでロシア・バレエを発展させたのは、《ジゼル》の振付家ペローと、《コッペリア》の振付家サン＝レオンであった。ペローは一八五一年から五九年までペテルブルクのバレエマスターを務めた。彼はグリジを招いて《ジゼル》や《妖精と漁師》を上演し、《海賊》や《エスメラルダ》をロシアで初演し、《女の戦争》（五二）などの新作を作っている。次にサン＝レオンがペローの後継者として、五九年から六九年までペテルブルクのバレエマスターを務めた。六三年からはパリ・オペラ座の仕事との兼任で、パリとペテルブルクを行き来している。彼はペテルブルクで、ロシア民話をもとにして《せむしの仔馬》（六四）、《金の魚》（六七）などの新作を作った。《せむしの仔馬》はロシアを題材とした初の全幕作品として重要な演目であり、さまざまな振付家が改訂を加えて、現在まで上演され続けている。

そして、サン＝レオンの後を継いだのがマリウス・プティパである。

マリウス・プティパ——史上最強の振付家

『オックスフォード　バレエダンス事典』のプティパの項目を見ると、「古典バレエの歴史において、恐らく最も大きな影響を及ぼした振付家」という記述から始まっている。いわゆる「クラシック・バレエ」の様式を完成させたのはプティパである。

図7－3　マリウス・プティパの肖像写真

マリウス・プティパ（Marius Petipa, 1818–1910）は、ダンサーの父と女優の母の息子としてマルセイユで生まれた。パリでオーギュスト・ヴェストリスに学んだ後、各地でダンサーとして踊ったが、若い頃はあまり成功しなかった。彼よりも成功したのは、兄のリュシアン・プティパだった。リュシアンは一八四〇年、パリ・オペラ座でエルスラーの相手役として《ラ・シルフィード》でデビューし、《ジゼル》初演（四一）ではグリジと共演し、その後もグリジの相手役を長く務めた。六〇〜六八年は、パリ・オペラ座のバレエマスターも務めている。

　マリウス・プティパはパリ・オペラ座で踊ったことはあるが、正式に雇用されたことはなく、兄のようなスターになることもなかった。それどころかスペイン巡業中、マドリッドで女性問題から決闘事件を起こし、逃亡していた時期もあった。四七年、彼は父と共にペテルブルクへたどり着いた。そこでは《パキータ》、《ジゼル》、《エスメラルダ》、《海賊》などの主役を踊り、まずはダンサーとして成功する。五〇年代、ペローがバレエマスターを務めた期間は、ペローの助手を務めた。次のサン＝レオンがバレエマスターを務めた期間に、プテ

表7－1　19世紀以前に初演された古典全幕バレエ16作品

作品名（初演年）	初演地	初演の振付家	プティパ版初演年
ラ・フィーユ・マル・ガルデ（1789）	ボルドー	ドーベルヴァル	1885
ラ・シルフィード（1832）	パリ	タリオーニ	1892
ドナウの娘（1836）	パリ	タリオーニ	－
ジゼル（1841）	パリ	コラーリ、ペロー	1884
ナポリ（1842）	コペンハーゲン	ブルノンヴィル	－
エスメラルダ（1844）	ロンドン	ペロー	1886
パキータ（1846）	パリ	マジリエ	1881
海賊（1856）	パリ	マジリエ	1863
ファラオの娘（1862）	ペテルブルク	プティパ	同左
ドン・キホーテ（1869）	モスクワ	プティパ	同左
コッペリア（1870）	パリ	サン＝レオン	1884
ラ・バヤデール（1877）	ペテルブルク	プティパ	同左
白鳥の湖（1877）	モスクワ	ライジンゲル	1895
眠れる森の美女（1890）	ペテルブルク	プティパ	同左
くるみ割り人形（1892）	ペテルブルク	プティパ、イワーノフ	同左
ライモンダ（1898）	ペテルブルク	プティパ	同左

ィパは《ファラオの娘》（六二）で振付家としての名声を獲得し、サン＝レオンが去った六九年にバレエマスターとなった。そして以後一九〇三年に引退するまで、三十年以上にわたってロシア・バレエを牽引し続けたのである。

マリウス・プティパのバレエ史における業績は、第一に、現在まで上演され続けている古典全幕バレエのほとんどをロシアで上演したこと、第二に、それらの古典全幕バレエにおいて、いわゆる「クラシック・バレエ」と呼ばれる古典主義的なバレエの様式を確立したことの二点にまとめることができる。

第一の「古典全幕バレエのほとんど」という表現は大げさに聞こえるかもしれないが、事実である。前章では、現在でも同じ筋立てのままで、世界の主要なバレエ団がレパートリーにしている十九世紀の古典全幕バレエを十五作品選んで表に示した（表6−1）。表7−1は、これに十八世紀末に初演された《ラ・フィーユ・マル・ガルデ》を加えて十六作品とし、初演年、初演地、初演の振付家と、その作品をプティパが改訂または創作してロシアで初演した年を示したものである。ご覧の通り、プティパは十六作品のうち十四作品をロシアで上演しており、その内の八作品は他人の作品を再演出・再振付したもの、六作品はプティパがオリジナルで制作したものである。

クラシック・バレエの様式

第二に、プティパはロマンティック・バレエの伝統を継承した上で、現在では「クラシック・バレエ」と呼ばれるバレエの様式を確立した。以下ではクラシック・バレエの特徴として、物語に関しては①ロマン主義的な主題に基づく単純な構造について、作品構成に関しては②物語から遊離した舞踊場面の形式化について、振付に関しては③ダンス・デコールの原

表7－2　古典全幕バレエ16作品の登場人物

作品名	主役組	主役組と三・四角関係になる人物	その他の主な人物	恋愛成就
ラ・フィーユ・マル・ガルデ	♀リーズ ♂コーラス	←♂アラン	♀シモーヌ ♂トーマス	◎
ラ・シルフィード	♀シルフィード ♂ジェームズ	←♀エフィ	♀マッジ ♂グァーン	×
ドナウの娘	♀フルール・デ・シャン ♂ルドルフ	←♂男爵	♀*ドナウ川の女王*	○
ジゼル	♀ジゼル ♂アルブレヒト	←♂ヒラリオン ←♀バチルド	♀ミルタ、ベルタ	×
ナポリ	♀テレシーナ ♂ジェンナロ	←♂ゴルフォ	♂ペポ、ジャコモ	◎
エスメラルダ	♀エスメラルダ ♂フェビュス	←♂グラノワール、フロロ ←♀フルール＝ド＝リ	♂カジモド	×
パキータ	♀パキータ ♂リュシアン	←♂イニゴ	♂ドン・ロペス	◎
海賊	♀メドーラ ♂コンラッド	←♂サイード・パシャ	♀ギュイナーラ ♂アリ、ランデケム	○
ファラオの娘	♀アスピシア ♂タオール	←♂ヌビア王	♂*ナイル川の神*	○
ドン・キホーテ	♀キトリ ♂バジル	←♂ガマーシュ	♂ドン・キホーテ、ロレンツォ	◎
コッペリア	♀スワニルダ ♂フランツ	→♀コッペリア	♂コッペリウス	◎
ラ・バヤデール	♀ニキヤ ♂ソロル	←♂ハイ・ブラーミン ←♀ガムザッティ	♂ドゥグマンタ	×
白鳥の湖	♀オデット ♂ジークフリード	←♀*オディール*	♂ロットバルト	×
眠れる森の美女	♀オーロラ ♂デジレ		♀*リラの精、カラボス*	◎
くるみ割り人形	♀クララ ♂*くるみ割りの王子*		♀*金平糖の精* ♂ドロッセルマイヤー、*ねずみの王*	○
ライモンダ	♀ライモンダ ♂ジャン・ド・ブリエンヌ	←♂アブダ・ラーマン	♀*白い貴婦人*	◎

（注）♀♂は性別、矢印は恋愛感情または婚姻願望の向き、斜字は人間以外の存在を表す。「恋愛成就」の欄は、◎は結婚式で終結、○は結婚式の場面はないが結ばれて終結、×は死別の結末。

理に基づいた独特の造形美について説明する。

まず①ロマン主義的な主題に基づく単純な構造については、古典全幕作品を概観してみれば、筋立てが比較的素朴であることと、登場人物の関係が定型的であることが良く分かる。表7－2は、表7－1と同じ十六作品について、主要な登場人物を列挙したものである。すべての作品が主役男女の恋愛を物語の中心に据えており、その二人と三角関係または四角関係になる人物がしばしば登場し、物語は主役男女の恋愛成就か死別で終結する。その他の登場人物では、主役男性の恋愛を妨害または援護する人物が登場する。異国を舞台とし、異界の場面を含むというロマンティック・バレエの特徴については既述の通りである。

十九世紀のバレエは、複雑な人間関係を表現することや、微妙な心情変化を表現することがまだできなかった。もしも表現しようとすると、長く退屈なマイムに頼ることになり、舞踊としての魅力が損なわれかねなかった。プティパは舞踊の魅力を最大化するために、単純な筋立てと定型的な人物関係を選択したのである。ちなみに演劇、小説と同じように複雑な人間関係、微妙な心情変化、いっそう入り組んだストーリーを表現しようとするバレエ作品は、二十世紀半ばになって登場する（第9章）。

舞踊場面の形式化

次に、②物語から遊離した舞踊場面の形式化について。プティパは、物語が進行する演技場面と、物語の進行に直接関係しない舞踊場面とを分離して、舞踊場面に上演時間の多くを配分し、さらに舞踊場面の構造をパターン化した。古典全幕バレエを初めて鑑賞する人は、物語が進まず、踊りばかりが長々と連続するのに戸惑うかもしれない。舞踊場面のパターン化に関するプティパの業績を具体的に述べれば、「ディヴェルティスマン」、「グラン・パ・ド・ドゥ」、「バレエ・ブラン」という形式をバレエに定着させたことである。

「ディヴェルティスマン」とは「余興」を意味するフランス語で、物語の進行に直接関係しない踊りが次々と演じられる場面のことを指す。多くの古典全幕作品では、主役男女の結婚式の場面に組み込まれており、《パキータ》、《ドン・キホーテ》、《コッペリア》、《眠れる森の美女》、《ライモンダ》の最終幕が典型的なディヴェルティスマンである。ディヴェルティスマンでは、ロマン主義的なエキゾチシズムを背景として、各国・各地域の民族舞踊をバレエ化した踊り（キャラクター・ダンス）がいくつも並ぶことが多い。例えば《白鳥の湖》第三幕のディヴェルティスマンには、スペイン、ナポリ、ハンガリー（チャルダッシュ）、ポーランド（マズルカ）の踊りが並び、《くるみ割り人形》第二幕には、スペイン、アラビア、中国、ロシアの踊りが並んでいる。

ディヴェルティスマンの起源は、十八世紀前半のオペラ・バレエ（第4章）まで遡れるだろう。十八世紀後半のノヴェールらがバレエの物語性をパントマイム・バレエで強化しようとしたのとは反対に、プティパは物語性を希釈し、舞踊場面をより際立たせる様式を確立することで、バレエの魅力を強化することに努めたのである。

「グラン・パ・ド・ドゥ」とは「重要な二人踊り」を意味するフランス語で、主役または準主役の男女が披露する四曲構成の踊りである。第一曲は「アダージオ」と呼ばれ、主役男女が比較的ゆっくりとしたテンポの楽曲で組んで踊る。男性が女性を支えて、女性の姿と動きを美しく見せる振付になっている。第二曲は「男性のヴァリエーション」（仏語：ヴァリアシオン）で、主役男性による短いソロ、第三曲は「女性のヴァリエーション」で、主役女性による短いソロである。第四曲は「コーダ」と呼ばれ、主役男女が速いテンポの楽曲で、それぞれ難度の高いテクニックを披露し、最後に二人で組んでフィニッシュをする。この四曲の前にソリストたちによる「アントレ」（入場場面）が付くことや、途中で主役以外のヴァリエーションが一～数曲挿入されることもある。

古典全幕作品で最終幕が主役男女の結婚式の場合は、そのクライマックスとしてグラン・パ・ド・ドゥが踊られる（《パキータ》、《ドン・キホーテ》、《コッペリア》、《眠れる森の美女》、《ライモンダ》）。主役男女の結婚式がない場合はやや変則的で、《ラ・バヤデール》ではガムザッティとソロルが、《白鳥の湖》ではオディールとジークフリードが、《くるみ割り人形》

では金平糖の精とくるみ割りの王子がグラン・パ・ド・ドゥを踊る。

「バレエ・ブラン」とは、「白いバレエ」を意味するフランス語で、多数の女性ダンサーが白いチュールのスカート（チュチュ）を着けて踊る場面のことである。古典全幕作品では「異界」の場面に組み込まれており、《ラ・シルフィード》第二幕、《ジゼル》第二幕、《ラ・バヤデール》第三幕（「影の王国」）、《白鳥の湖》第二幕が典型的である。

バレエ・ブランの起源は、フィリッポ・タリオーニが振付けたオペラ《悪魔のロベール》のバレエ場面（一八三一）、あるいはガルデルが振付けた《カリプソの島のテレマック》（一七九〇）のニンフたちの踊りまでたどることができる。プティパはバレエ・ブランにより、ロマンティック・バレエの女性群舞の魅力を継承したのである。現在でも多くのバレエ鑑賞者は、バレエ・ブランを最もバレエらしい場面と認識しているのではないだろうか。

バレエ固有の造形美

最後に、③「ダンス・デコール」の原理に基づいた独特の造形美については、およそ百五十年を経て、今でも世界中のバレエ団がプティパの振付を原型とする振付で踊っていることからも、彼の振付家としての偉大さが証明できるだろう。プティパはロシアで三十年以上にわたってバレエダンサーの育成に関わり、フランス・バレエの優雅で端正なメソッドと、イタリア・バレエの技巧的で華麗なメソッドを融合して、ロシア・バレエを独創的かつ世界最高の水準に育て上げたのである。

プティパ振付の特徴の一つは、ソロにおいても群舞においても、その立体的で幾何学的な造形美にある。ソロでは、偏りと狭まりを排し、常に調和を保った四肢で空間を分割する均整のとれた配置と動作、すなわちポーズとステップの美しさが常に強調されるよう仕組まれている。十七世紀、ボーシャンが確立したダンス・デコールは、ロマンティック・バレエ期に厳しい訓練と身体改造を必要とする技法にまで洗練され、カルロ・ブラジスによって理論化、体系化がされていた。それを受け継いだプティパは、ダンス・デコールで鍛えられたバレエダンサーの身体が、調和と均整の取れたポーズと、安定感があって優雅なモーションとを創り出し、最大限美しく見えるような振付を作り続けたのである（終章）。

群舞でも、プティパはダンサーの空間的な配置と移動によって、観客に美的な体験をもたらす振付を実現した。これもプティパがフィリッポ・タリオーニ、ペロー、サン＝レオンなど先人たちから学び、発展させたものである。プティパ作品の群舞の美しさは、バレエ・ブランの振付によく現れている。例を一つ挙げるならば、《ラ・バヤデール》の「影の王国」は傑作である。ソロルが阿片を吸うとニキヤの幻影が見え始める。舞台奥に長いつづら折りの坂道が見え、その上に精霊が一人ずつ現れて、「二歩進んでアラベスク・パンシェ（片脚で立ち、反対の脚を後ろへ伸ばして上体を前傾させる動き）」という同じ動作を繰り返しながら、数を増やし、列をなして坂を降りてゆく。あたかも毒殺されたニキヤの幻影が増殖してゆくような、反復と漸増による視覚効果が素晴らしい。

要約をすれば、プティパの時代、プティパの業績によって、バレエという芸術はロマン主義的な表象を中心に据えて、古典主義的な新しい規範を獲得したのである。

《眠れる森の美女》――チャイコフスキーとプティパの金字塔

プティパの業績として、チャイコフスキーとの協働は有名である。ピョートル・イリイチ・チャイコフスキーは、それまで踊りの伴奏という位置付けだったバレエ音楽に甘美な旋律と美しい和声を与え、音楽のみで独立して鑑賞できる水準へ高めたバレエ音楽の改革者である。チャイコフスキー以前のバレエ作曲家は、《ジゼル》や《海賊》を作曲したアドルフ・アダンも、《ドン・キホーテ》や《ラ・バヤデール》を作曲したレオン・ミンクスも、一般的な音楽史ではあまり評価されていない。

チャイコフスキーによる三大バレエのプティパ版の上演順は、《眠れる森の美女》（九〇）、《くるみ割り人形》（九二）、《白鳥の湖》（九五）である。以下、順番に紹介しよう。

《眠れる森の美女》は、ペテルブルク帝室劇場の支配人（総監督）、イワン・フセヴォロシスキーの発案によるものだった。フセヴォロシスキーはロシア・バレエがマンネリ化していると感じ、革新的な音楽を使って徹底的に豪華なバレエを作ろうとして、自ら《眠れる森の美女》の台本を書き、プティパとチャイコフスキーに相談を持ち掛けた。

原作はシャルル・ペローの童話で、舞台は絶対王政期のフランス宮廷である。プロローグは王女オーロラ姫の洗礼式。洗礼式に招かれなかったことに怒った邪悪な妖精カラボスが王宮に乱入し、生まれたばかりの王女に、いつか糸紡ぎの針を指に刺して死ぬという呪いをかける。この呪いを善良な妖精のリラの精が、死なずに眠り続けるという魔法に変える。第一幕、王女は十六歳の誕生日に、呪いの通り紡ぎの針を指に刺してしまい、王女と王宮の人々は長い眠りにつく。第二幕、百年後の森で、デジレ王子がリラの精の導きで王女の存在を知り、王女の眠る王城にたどり着き、キスによって王女を目覚めさせる。第三幕、王国の人々も目覚めて、王宮で結婚祝賀会が繰り広げられる。

フセヴォロシスキーにとって《眠れる森の美女》は、ロシア・バレエを革新するだけでなく、ロシア帝国の栄光を称揚することも意図した作品だった。台本に登場する国王の名前はフロレスタン十四世だが、ルイ十四世がモデルとなっている。劇場のスポンサーであるロマノフ朝の皇帝・皇族を喜ばすために、理想的な国王が美しい王女をさずかり、百年を経て王国ごと蘇生するという筋立ての、祝祭的なバレエを作ったのである。

《眠れる森の美女》は、数あるプティパの全幕バレエの中でもクラシック・バレエの頂点と評されている。その理由は、作品が際立って豪華なことにある。上述の通りプロローグ付きの全三幕で、上演時間は三時間を超える。初演時の出演者は約千百人で、衣装はルイ十四世の頃のバロック様式に基づいた豪華なデザインだった（図7－4）。また、振付にダンス・デコールのあらゆる技術が組み込まれていたこと、ディヴェルティスマン、グラン・パ・ド・ドゥ、バレエ・ブランなど、クラシック・バレエの形式をすべて備えていたことも、頂点と評される理由となっている。

図7－4　《眠れる森の美女》初演時の衣装

チャイコフスキーの音楽がバレエ音楽として傑出していたことは言を俟たない。《眠れる森の美女》は三大バレエの中でも、プティパとチャイコフスキーが最も緊密に協力し合った作品だった。プティパが曲ごとに小節数、拍子、雰囲気までを決め、チャイコフスキーがそれに従って六十曲以上の楽曲を作った。バロック調、ロココ調、ワルツ、ポルカ、マーチ、サラバンド、ポロネーズ、ファランドールなど、多種多様な楽曲が宝石のようにちりばめられており、華麗な音楽の絵巻物となっている。

初日前日の試演には、ロマノフ朝末期の皇帝、アレクサンドル三世が臨席した。皇帝は作品の仕上がりに満足し、初演は成功を収めた。以後現在に至るまで、《眠れる森の美女》はクラシック・バレエの規範となる作品として、さまざまな振付家が改訂をほどこしながら上演され続けている。

また《眠れる森の美女》の初演時には、二十世紀の最も偉大なバレエ教師と言われるエンリコ・チェケッティ（Enrico Cecchetti, 1850–1928）がカラボスと青い鳥を演じていることも付言しておきたい。チェケッティはイタリアに生まれ、ミラノ・スカラ座、ペテルブルク帝室劇場などでダンサーとして活躍した後、次章に登場する巡業バレエ団「バレエ・リュス」のダンサーたち（パヴロワ、フォーキン、ニジンスキー、マシーン、ニジンスカ、ド・ヴァロワ、ランベール、リファール）を教えた名教師である。彼の教授法は「チェケッティ・メソッド」と呼ばれており、今も世界中のバレエ学校で広く学ばれている。

《くるみ割り人形》——年末恒例のバレエ

次の《くるみ割り人形》は、ホフマンの幻想的な童話『くるみ割り人形とねずみの王様』を原作として、プティパが台本を書いた。正確に述べれば、プティパが参照したのは、ホフマンの童話をアレクサンドル・デュマが翻案したフランス語版であった。

物語の舞台はドイツである。第一幕第一場、クリスマスツリーが飾られた大きな部屋で、クリスマス・イブのホームパーティーが開かれる。主人公の少女クララが、名付け親のドロッセルマイヤーからくるみ割り人形をもらう。第一幕第二場、深夜になり、クララの目の前でくるみ割り人形の軍隊とねずみの軍隊が戦いを始める。クララの助けでねずみの王は倒れ、くるみ割り人形は王子に変身する。第二幕、クララは王子に連れられてお菓子の国を訪れる。お菓子の国で楽しいときを過ごすが、気づくと夢が覚めて、朝になっている。

プティパは台本と演出プランを作ったものの、振付が始まると急病になった。そこで、プティパのプランに従って振付をしたのは、弟子のレフ・イワーノフ（Lev Ivanov, 1834–1901）だった。イワーノフはモスクワ生まれで、ペテルブルクの帝室バレエ団で学び、ダンサーとして活躍した後、八五年より次席バレエマスターを務めていた。《くるみ割り人形》の初演は、音楽の評価は高かったが、バレエとしてはさほど評価されなかったらしい。しかし、その後無数の振付家がさまざまな改訂を行って上演が続けられ、今や十二月になると世界中のバレエ団が上演する定番の作品となっている。

《白鳥の湖》――バレエの代名詞

三大バレエの中で、最後にプティパ版を上演したのは《白鳥の湖》だが、実は《白鳥の湖》は、チャイコフスキーが最初に作曲したバレエ曲である。作曲を委嘱したのは、モスクワの帝室劇場（ボリショイ劇場）だった。一八七七年の初演を振付けたのはチェコ生まれのユリウス・ウェンツェル・レイジンゲルで、八〇年にはベルギー出身のヨゼフ・ハンセンが改訂して、モスクワで再演した。しかし、どちらの上演もさほど評判にならなかった。少なくともチャイコフスキーの音楽は評価されず、チャイコフスキーは意気消沈した。

物語の舞台は中世のドイツ。第一幕、王子ジークフリートは母親である王妃から、翌日の舞踏会で花嫁を選ぶよう命じられる。第二幕、王子は湖畔へ白鳥狩りに出かけ、そこで王女オデットと出会う。オデットは悪魔ロットバルトに魔法をかけられており、昼は白鳥の姿に変身させられている。変身の呪いは愛の誓いで解けると知り、王子はオデットに愛を誓う。第三幕、王子が花嫁を選ぶための宮廷舞踏会。悪魔がオデットそっくりのオディールを連れて闖入《ちんにゅう》する。王子は見誤ってオディールに愛を誓ってしまう。悪魔とオディールは、まんまと騙された王子に哄笑《こうしょう》を浴びせて立ち去る。第四幕、王子は湖畔へ行ってオデットに赦しを乞う。しかし呪いは解けず、絶望した二人は湖に身を投げて心中する。

初演から十八年後、プティパが《白鳥の湖》を復活上演したきっかけは、一八九三年十一月、チャイコフスキーがコレラで急逝したことだった。訃報に接したプティパは、すぐさまモスクワから《白鳥の湖》の総譜を取り寄せ、その芸術性の高さを認識する。早速プティパはフセヴォロシスキーに、チャイコフスキーの追悼公演の演目として《白鳥の湖》を上演することを相談した。九四年三月、まずイワーノフが振付けた第二幕のみが上演された。全幕も年内に上演する予定だったが、十一月に皇帝アレクサンドル三世が病死したために延期となった。皇位を継承したのはロマノフ朝最後の皇帝、ニコライ二世である。九五年一月、《白鳥の湖》の全幕は、第一・三幕をプティパ、第二・四幕をイワーノフが振付けて初演された。このプティパ＝イワーノフ版では、チャイコフスキーの原曲の順番を一部入れ替え、数曲を割愛し、チャイコフスキーの別の音楽を編曲して加えている。

《白鳥の湖》は、オデットとオディールを同じダンサーが一人二役で踊る演出が通常である。プティパ版初演で一人二役を踊ったのは、ミラノ生まれのピエリーナ・レニャーニ（Pierina Legnani, 1868–1930）だった。彼女はミラノ・スカラ座で活躍した後、ペテルブルクへ移って、プティパの作品を中心に一九〇一年まで踊った。イタリア・バレエの特長である高度な技巧を持っており、《白鳥の湖》第三幕で初めて「グラン・フェッテ」の連続三十二回を披露したダンサーとして有名である。グラン・フェッテとは、片脚を軸として、もう一方の脚を大きく振り上げて降ろさず、ぐるぐると回転し続けるテクニックである（終章）。現在でも「グラン・フェッテ」は女性ダンサーの超絶技巧の代表格となっており、古典全幕バレエでは、《ドン・キホーテ》、《海賊》、《パキータ》の女性主役が、グラン・パ・ド・ドゥのコーダで披露することが多い。

プティパが目指したバレエの美しさは、厳しい訓練と身体改造を必要とする高度な技巧に支えられていた。プティパの振付には、調和と均整の取れたポーズを作って踊る安定感のある美しさと、レニャーニの超絶技巧のような観客に驚きをもたらす刺激的な美しさが同居していたのである。

第8章　総合芸術となったバレエ

——バレエ・リュスの活躍

二十世紀前半の世界

芸術的な表現を意図して創作される舞踊は、二十世紀に入って大きな展開を示した。本章では、①欧米における反バレエとしての「モダンダンス」の登場を簡潔に紹介し、②巡業バレエ団「バレエ・リュス」の活躍と、③各国それぞれのバレエの普及と展開について述べる。

背景となる二十世紀前半は、人類が二度の世界大戦を体験した時代である。帝国主義の進行によって欧米・日本の列強は対立を深め、バルカン半島の危機をきっかけとして「第一次世界大戦」(一九一四～一八)が勃発する。戦火はアジア・アフリカへ広がり、世界での戦死者数は千六百万人と推計されている。そのわずか二〇年後、「第二次世界大戦」(三九～四五)が始まる。世界での戦死者数は五千万～八千万人と推計されている。

経済的には、第一次世界大戦を一つのきっかけとして「ロシア革命」(一七)が起こり、史上初の社会主義国家、ソヴィエト連邦（ソ連）が誕生した。ソ連ではマルクス経済学に基づく計画経済の試みが始まった。一方、第一次世界大戦に参戦しなかったアメリカは急速な経済発展を遂げた。しかし、一九二九年にニューヨーク株式市場の株価が暴落し、これが「世界恐慌」の引き鉄となった。アメリカは恐慌を克服するために「ニューディール」と呼ばれる経済復興政策を実施するが、これはケインズ経済学に基づく修正資本主義の試みであった。経済学者ケインズは、イギリスのバレエの発展にも貢献をした人物である（後述）。

政治的には、列強が植民地と従属地域を拡大して「世界分割」を進め、大きく二つの陣営に分かれたことが二度の世界大戦を引き起こした。第一次世界大戦前には、英仏露が三国協商を結び、独墺伊の三国同盟と対立した。日本は日英同盟を結び、協商側に与《くみ》して勝利した。ロシア革命による帝政ロシアの崩壊は多くの亡命者を生み、バレエがロシアから世界へ広まる契機となった。第一次世界大戦の終結後に国際連盟が発足するが、アメリカはこれに参加せず、ドイツ、イタリア、日本は次々に脱退した。第二次世界大戦は日独伊三国同盟を結んだ「枢軸国」と、イギリス、フランス、中国に、途中から参戦したアメリカ、ソ連を加えた「連合国」とが激しく戦った。

文化的には「応用科学」と「モダニズム」の時代である。応用科学に関しては、飛行機、潜水艦、戦車、毒ガス、ペニシリン（抗生物質）、そして原子爆弾など、二十世紀前半は戦争に活用されるさまざまな発明がなされている。記録・通信システム（メディア）については、映画産業が隆盛してハリウッドが黄金期を迎え、ラジオ放送が始まり、パンチカード、マイクロフィルム、磁気テープなどの記録装置が実用化した。

芸術において二十世紀前半は「モダニズム」の時代であった。この時期、さまざまな芸術運動が並立して重なり合うが、例えば表現主義、象徴主義、キュビズム、ダダイズム、シュルレアリスムなどがモダニズムの代表である。次に説明する①モダンダンスの登場と②バレエ・リュスの活動も、舞踊芸術におけるモダニズムの現れである（モダニズムについては、終章で再考する）。

モダンダンスの出現――フラーとダンカン

バレエとは異なる芸術舞踊としてのモダンダンスは、アメリカの「ボードヴィル」、すなわち大衆的な娯楽演芸から出現した。ここではモダンダンスの草創期を築いたフラーとダンカン、その後を継いだヴィグマンとグレアムという四人の女性ダンサー・振付家を紹介する。

ロイ・フラー（Loie Fuller, 1862–1928）は芸人一家の子として生まれ、一八九一年、《蛇のダンス》をニューヨークのカジノで踊って人気となった。身長よりもはるかに丈の長いシルクのドレスを着て、その長い裾を大きく宙で舞わせて波打たせ、それを背後から電気照明で照らして幻想的に見せる即興のダンスだった。翌九二年、フラーはこれをパリのミュージック・ホール「フォリー・ベルジェール」（第7章）で踊って喝采を浴びた。一九〇〇年にパリで開かれた万国博覧会では、フラー一座専用の小劇場が建設されるほどの人気だった。この一座には、日本から来た川上貞奴《かわかみさだやっこ》（マダム貞奴）も参加している。

フラーの振付けた踊りは、本人の演技ではないが、発明王エジソンと映画の発明者リュミエール兄弟のどちらもが映像を残している。彼女は自分のダンスで特許も取得した。フラーは、ダンスとテクノロジーが結託する新しい時代の先駆者だった。

イザドラ・ダンカン（Isadora Duncan, 1877–1927）もキャリアの起点は、アメリカの巡業劇団の女優であった。一八九九年にヨーロッパへ渡り、ロンドン、パリで個人宅やギャラリーでのダンス・リサイタルを始めた。一九〇二年、フラー一座のドイツ巡業に加わり、フラーの後援でオーストリア、ハンガリーでも踊り、次第にカリスマ的な人気が高まっていく。〇四年にはロシアで熱烈な称賛を受け、後にバレエ・リュスの振付家となる若きフォーキンに影響を与えている。

ダンカンの舞踊は、歩く、走る、スキップする、ジャンプする、横たわり立ち上がるなど単純な動作を組み合わせ、腕はパントマイムのように用いて踊る即興であった。彼女は内面から発生する自然な情動を重視し、海の波や樹木の動き、古代ギリシアの彫刻、ルネサンス絵画、ルソーやニーチェの哲学などから霊感を得て、感情の赴くままに自由に踊った。衣装は、古代ギリシア風の薄手のドレスで、足は裸足《はだし》だったので、「裸足のイザドラ」と呼ばれた。

ダンカンは反バレエを標榜《ひょうぼう》していた。女性が窮屈なトウシューズを履き、過酷な身体訓練を必要とするバレエを、人間の本性に反し、不自然な歪みと束縛を伴うダンスであると批判して、ゆったりとした体を締め付けない衣装と素足で踊ったのである。

表現主義舞踊――ヴィグマンとグレアム

フラー、ダンカンの、バレエとは異なる芸術舞踊を創出する意志と、内面から発生する情動を重視する姿勢とは、ドイツとアメリカ、二つの国の表現主義的な舞踊へ受け継がれていく。それぞれを代表する人物が、ヴィグマンとグレアムである。

マリー・ヴィグマン（Mary Wigman, 1886–1973）は「ドイツ表現主義舞踊」の中心的な振付家である。「表現主義」は、十九世紀後半の自然主義・印象主義に対する反動として、事物の姿そのものよりも内面の主観的な表現に主眼をおく芸術思潮だった。二十世紀初めにドイツを中心として、美術、文学、音楽、映画などで幅広く展開している。

ヴィグマンの最初の重要な作品である《魔女の踊り》は、一九一四年、第一次世界大戦開戦の数ヵ月前に上演された。パーカッションを伴奏として、仮面を被り、力強く腕を振るい、脚を引き上げ、呪術的なエネルギーを噴出させるような踊りであった。その後も、超自然的な力や、無意識下の衝動を表現する作品を作り続けた。二〇年、ドレスデンに設立したヴィグマン舞踊学校は、モダンダンスを広める拠点となり、日本のモダンダンスの創始者たちもここで学んでいる。三六年、ヴィグマンはナチスに協力してベルリン・オリンピックで群舞を演出したが、やがてナチスに迫害されて彼女の学校は閉鎖となった。

マーサ・グレアム（Martha Graham, 1894–1991）は、その表現主義的な作品と独自に開発した舞踊技法によって、モダンダンスのみでなく、バレエにも大きな影響を与えた振付家である。グレアムは二六年にニューヨークで初のリサイタルを開いて以降、自らの舞踊団を率いて活動を続け、九六歳で亡くなるまでに百八十五の作品を発表している。彼女は舞踊における身体と精神の合一を理想とし、それによって自己の内面を視覚化することを目指した。初期の代表作《嘆き》（三〇）では、伸縮性のある筒状の衣装で全身を包み、その衣装を手足で引き延ばしながら、苦悩し煩悶《はんもん》する人間の精神を表現した。《アパラチアの春》（四四）では、イサム・ノグチがデザインした舞台装置を用い、アメリカ西部開拓民たちが春を迎える喜びを表現した。

グレアムの開発したモダンダンスの技法は、背骨と骨盤を意識して動かす「コントラクション・アンド・リリース」（収縮と弛緩《しかん》）と呼ばれる身体操作を基本としている。またグレアムは、床に座る、横たわる、倒れて立ち上がる、膝を床に付けて回るなど、古典バレエにはないフロア・アクションも技法に取り入れた。彼女の技法は「グレアム・テクニック」と呼ばれて普及し、今も世界中の舞踊学校で学ばれている。

バレエ・リュス――空前絶後のバレエ団

「バレエ・リュス」は、一九〇九年から二九年まで、第一次世界大戦を跨《また》いで欧米で二十年間だけ活動した巡業バレエ団である。わずか二十年でバレエという芸術を大きく変えたのみならず、西洋のアートシーンに巨大な足跡を残した。

「バレエ・リュス」を直訳すれば「ロシアのバレエ団」である。二十世紀前半には「バレエ・リュス」を名乗るバレエ団がいくつも出現したため、本章で紹介する最初のバレエ・リュスは、主宰者の名前を冠して「ディアギレフのバレエ・リュス」と区別することも多い。

バレエ・リュスは「空前絶後の最強バレエ団」と呼ばれている。その理由は、このバレエ団の下に、当時ヨーロッパで活躍していた各ジャンルの先進的な芸術家が結集したからである。ダンサー、振付家はもちろんのこと、音楽の作曲者、美術・衣装の担当者、台本の執筆者も錚々《そうそう》たる精鋭だった。表8－1をご覧いただきたい。ダンサー、振付家は後述すること

表8－1　バレエ・リュスで創作した芸術家27人

分野	名前（生没年、出身国）	バレエ・リュスから委嘱を受けた作品
音楽	クロード・ドビュッシー（1862-1918、仏）	《遊戯》
	リヒャルト・シュトラウス（1864-1949、独）	《ヨゼフ伝説》
	エリック・サティ（1866-1925、仏）	《パラード》
	モーリス・ラヴェル（1875-1937、仏）	《ダフニスとクロエ》
	マニュエル・デ・ファリャ（1876-1946、スペイン）	《三角帽子》
	オットリーノ・レスピーギ（1879-1936、伊）	《奇妙な店》
	セルゲイ・プロコフィエフ（1891-1953、ウクライナ）	《道化師》《鋼鉄の歩み》《放蕩息子》
	イーゴリ・ストラヴィンスキー（1882-1971、露）	《火の鳥》《ペトルーシュカ》《春の祭典》《ナイチンゲールの歌》《プルチネッラ》《狐》《結婚》《ミューズを導くアポロ》
	ダリウス・ミヨー（1892-1974、仏）	《青列車》
	フランシス・プーランク（1899-1963、仏）	《牝鹿たち》
	ジョルジュ・オーリック（1899-1983、仏）	《うるさがた》《船乗りたち》《パストラル》
美術	レオン・バクスト（1866-1924、ベラルーシ）	《クレオパトラ》《カルナヴァル》《シェエラザード》《薔薇の精》《青神》《牧神の午後》《ダフニスとクロエ》《遊戯》《眠れる森の美女》
	アンリ・マティス（1869-1954、仏）	《ナイチンゲールの歌》
	アレクサンドル・ブノワ（1870-1960、露）	《レ・シルフィード》《饗宴》《ジゼル》《ペトルーシュカ》《ナイチンゲールの歌》《オーロラ姫の結婚》
	ジョルジュ・ルオー（1871-1958、仏）	《放蕩息子》
	アンドレ・ドラン（1880-1954、仏）	《奇妙な店》《びっくり箱》
	ナタリア・ゴンチャロワ（1881-1962、露）	《金鶏》《ロシア物語》《オーロラ姫の結婚》《結婚》
	パブロ・ピカソ（1881-1973、スペイン）	《パラード》《三角帽子》《プルチネッラ》《クァドロ・フラメンコ》《青列車》
	ジョルジュ・ブラック（1882-1963、仏）	《うるさがた》《ゼフィールとフロール》
	モーリス・ユトリロ（1883-1955、仏）	《バラボー》
	ココ・シャネル（1883-1971、仏）	《青列車》《物乞う神々》《ミューズを導くアポロ》
	マリー・ローランサン（1885-1956、仏）	《牝鹿たち》
	ジョルジオ・デ・キリコ（1888-1978、ギリシア）	《舞踏会》
	マックス・エルンスト（1891-1976、独）	《ロミオとジュリエット》
	ジョアン・ミロ（1893-1983、スペイン）	《ロミオとジュリエット》
文学	フーゴ・フォン・ホフマンスタール（1874-1929、オーストリア）	《ヨゼフ伝説》
	ジャン・コクトー（1889-1963、仏）	《青神》《パラード》《青列車》

にして、バレエ・リュスに委嘱されて作品を提供した芸術家を二七人選んで表にしたものである。驚くべき顔ぶれではないだろうか。

これほど多くの人材を集められたのは、ディアギレフという興行師の類まれな芸術的センスと、卓越した強い指導力によるものだった。

セルゲイ・ディアギレフ——時代を作ったインプレサリオ

セルゲイ・ディアギレフ（Sergei Diaghilev, 1872–1929）は、ロシアに貴族の子として生まれた。ペテルブルクで法学を勉強していたが、専攻を転じて音楽学校へ入学し、声楽家、作曲家を目指した。作曲は、ロシア国民楽派のリムスキー＝コルサコフに師事している。その後芸術プロデューサーとしての才能を開花させ、ロシアの前衛芸術家たちの中心的な存在となり、仲間とともに雑誌『芸術世界』の発行を始めた。一八九九〜一九〇一年にはペテルブルク帝室劇場の支配人補佐を務めたが、劇場側との不和で解雇されてしまった。

まもなくディアギレフは、もともと抱いていた民族主義的な志向に導かれて、西欧にロシアの芸術を紹介する活動を開始する。まず一九〇六年、パリでロシア美術の大規模な展覧会を開いた。〇七年、パリ・オペラ座で開いたロシア音楽を紹介する演奏会では、リムスキー＝コルサコフが自らの管弦楽組曲を指揮し、ラフマニノフが自作のピアノ協奏曲を演奏した。

〇八年、同じくパリ・オペラ座でムソルグスキーのオペラ『ボリス・ゴドゥノフ』の全幕上演を実現し、シャリアピンが主役を演じて大成功を収めた。そして〇九年、パリのシャトレ座で、バレエ・リュスの旗揚げ公演が行われたのである。

バレエ・リュスの〇九、一〇年の公演は、正確に言えばまだバレエ団が結成される前で、帝室劇場の休暇中に、ディアギレフのプロデュースで帝室バレエ団の選抜ダンサーが行った公演だった。まず、男性ダンサーの勇壮な踊りがパリの観客を驚かせた。当時の西欧では、男性ダンサーが高い技術で踊ることがなくなっていたからである。女性ダンサーの優美な踊りも喝采を浴びた。西欧では、バレエの伝統的な美しさが忘れられかけていたのである。また《火の鳥》（一〇）の上演は、作曲家ストラヴィンスキーが西欧で高く評価されるきっかけとなった。

図８－１　セルゲイ・ディアギレフ

一〇年の公演が終わると、ディアギレフは帝室バレエ団の保守的体質に不満を持つダンサーたちを集めて、年間を通して公演できる自らのバレエ団を発足させた。世界初の民間巡業バレエ団の誕生である。そして二九年にディアギレフが急死するまで、バレエ・リュスはパリ、ロンドン、モンテカルロを中心にして、欧米での公演を続けた。

バレエ団主宰者としてのディアギレフは、創作の方針において二つの点で画期的であった。第一に、作品を作るにあたり、舞踊と同等に音楽、美術の芸術性の高さを重視した。そのために、ディアギレフが同時代の優れた芸術家たちにオリジナル作品の創作を委嘱しまくったことは、表9－1に示した通りである。ディアギレフはバレエを、さまざまな芸術が共同して作り上げる「総合舞台芸術」へと進化させたのである。第二に、同じ作品を繰り返し上演することを好まず、毎年新作の上演を行い、しかも常に新しい趣向の作品を作ろうとした。ディアギレフはバレエ・リュスが芸術の前衛であり続けるために、観客を驚かせようとし続けた。彼がコクトーに「私を驚かせてくれ」と言ったというエピソードは有名だ。古い芸術を刷新し続けようとする彼の姿勢は、モダニズムのあり方そのものである。

初期バレエ・リュスの女性スター――パヴロワとルビンシュテイン

初期のバレエ・リュスでは、二人の女性ダンサーが注目を浴びた。ロシア出身のパヴロワとウクライナ出身のルビンシュテインである。

アンナ・パヴロワ（Anna Pavlova, 1881–1931）は二十世紀の伝説的ダンサーとして知られている。ペテルブルクに生まれ、帝室バレエ学校でチェケッティに師事し、帝室バレエ団に入団した。プティパに見出されて《ラ・バヤデール》の主役に抜擢《ばってき》され、一九〇三年の《ジゼル》主演で名声を獲得した。〇七年にフォーキン振付の《瀕死《ひんし》の白鳥》を踊り、これは生涯を通して彼女の代表作となった（図8−2）。

〇九年から一一年まではバレエ・リュスで踊ったが、その後は自らのカンパニーを組織し、ヨーロッパ、北アメリカはもちろん、メキシコ、キューバ、ブラジル、アルゼンチン、チリ、オーストラリア、ニュージーランド、エジプト、南アフリカ、インド、マレーシア、フィリピン、中国、そして日本まで、世界中を巡業した。巡業公演は四十三ヵ国で約三千六百回に及んでいる。バレエの国際化に大きな貢献をしたダンサーである。

図8−2　アンナ・パヴロワの《瀕死の白鳥》

一方、イダ・ルビンシュテイン（**Ida Rubinstein, 1885–1960**）は、帝室バレエ学校で学んだパヴロワと対照的に、我流の踊りと演技で人気を博したダンサーである。ユダヤ系の大富豪の娘としてウクライナのハルキウ（ハリコフ）に生まれ、ペテルブルクで個人教授についてダンスを学んだ。パリで女優として活動を始め、オスカー・ワイルド作の演

図8―3　イダ・ルビンシュテインの肖像画

劇『サロメ』（〇七）でデビューし、その中の「七つのヴェールの踊り」では全裸になって話題となった。アカデミックな舞踊技術は不足していたが、両性具有的な美しさを十分に活かした演技が評価され、プルースト、コクトー、ダヌンツィオらの文学者たちが彼女の虜となった。プルーストは「彼女の脚は崇高《すうこう》だ」と述べ、コクトーは「何かエキゾチックな香水の刺激の強い香りのようだ」、「幽玄で、別世界のようで、神々しくて到達しがたい」と絶賛の言葉を贈っている（図8―3）。

ルビンシュテインがバレエ・リュスに参加したのは、パヴロワと同じく〇九年から一一年までだった。《クレオパトラ》（〇九）と《シェエラザード》（一〇）で主演している。その後は自分のカンパニーで、独自の公演活動を第二次世界大戦が始まるまで続けた。バレエ音楽として有名なラヴェルの《ボレロ》（二八）は、彼女がラヴェルに作曲を委嘱した作品であり、ニジンスカ（後述）の振付で、ルビンシュテイン自身が初演を踊ったものである。

ミハイル・フォーキン——バレエ改革の主唱者

常に新しい趣向の作品を求め続けたディアギレフは、二十年間のバレエ・リュスの活動期間に、創作の中心となる振付家を次々と交替させていった。順番に、フォーキン、ニジンスキー、マシーン、ニジンスカ、バランシンで、それぞれ個性的な五人である。

ミハイル・フォーキン（Mikhail Fokine, 1880–1942）はペテルブルクに生まれ、帝室バレエ団でパヴロワのパートナーを務めて活躍するが、早くから振付家を志し、バレエの改革に意欲的だった。彼にとっての改革は、プティパが確立したクラシック・バレエ様式の超克である。フォーキンは作品の主題に相応《ふさわ》しい様式を求め続けた。例えば彼が帝室バレエ団に振付けた《ショピニアーナ》（〇七）はロマンティック・バレエのスタイルで作られ、後にバレエ・リュスで《レ・シルフィード》と改題して上演された。バレエ・リュスの作品では、《クレオパトラ》は古代エジプトをイメージし、《シェエラザード》は古代アラビア風に、《青神》（一二）は古代インドらしく、そして《火の鳥》や《ペトルーシュカ》ではロシアの民話・民謡を取り入れて振付を行った。また、群舞を装飾的に用いたプティパを批判し、群舞に演劇的な意味づけを与えるよう努めた。

フォーキンが、音楽と美術をバレエの平等なパートナーと考えていたことも重要である。その考えはディアギレフの創作方針と一致し、総合舞台芸術としてのバレエを実現することになる。プティパのような長大で重厚な全幕作品を避け、一晩で三、四本上演できる一幕物を中心に作ったのもフォーキンの特徴である。一方、フォーキンの限界は振付語彙にあった。フォーキンはアカデミックなバレエから離れて、斬新な振付語彙を生み出すことはできなかった。それを成し遂げたのがニジンスキーである。

ワスラフ・ニジンスキー——バレエを変えた天才ダンサー

ワスラフ・ニジンスキー（Vaslav Nijinsky, 1889–1950）はポーランド人のダンサー夫婦の息子として、ウクライナのキーウ（キエフ）で生まれた。ペテルブルク帝室舞踊学校の入学時から試験官を驚かすほどの才能を示し、たちまち帝室バレエ団のスターとなった。しかし帝室劇場の保守的体質には馴染めなかった。そして同性愛者のディアギレフの恋人となり、旗揚げ公演からバレエ・リュスに参加する。一九一一年、帝室劇場でトラブルを起こして解雇され、バレエ・リュス専属のダンサーとなってからは、死ぬまでロシアへ戻らなかった。

彼の卓越した舞踊技術は西欧の観客に衝撃を与えた。とりわけ跳躍力は並外れていて、「アントルシャ・ディス」というバットゥリーの超絶技巧ができ、空中で静止できると神話化されたほどである。その容姿は、ルビンシュテインと同様に両性具有的で、《薔薇の精》の標題役や《シェエラザード》の金の奴隷役などで、艶《なま》めかしい官能性と荒々しい野獣性の両面を表現する演技が絶賛された（図8－4）。十九世紀半ば以降の西欧では、バレエダンサーといえば女性であったが、男性ダンサーを重用したフォーキンの振付とニジンスキーという天才ダンサーの登場で、男性ダンサーの地位は完全に復活した。

振付家としてのニジンスキーは、《牧神の午後》（一二）、《遊戯》（一三）、《春の祭典》（一三）、《ティル・オイレンシュピーゲル》（一六）の四作品しか作っていない。しかし、彼のバレエ改革は徹底しており、二十世紀のバレエに決定的な影響を与えている。

最初の作品《牧神の午後》は、ドビュッシーの管弦楽曲『牧神の午後への前奏曲』に振付けたものである。一人の牧神が水浴びにやってきたニンフたちを覗き見て、その一人に抱きつこうとするが、ニンフはヴェールを落として逃げてしまう。牧神はそのヴェールの上に俯せになり、自慰して果てるという幕切れ。露骨な性表現がスキャンダルとなったのみでなく、ダンス・デコールを否定した振付も破壊力があった。ダンサーは下肢を内側へ曲げ（ターンイン）、腕と手で角張った形を作り、正面を向かずに横顔を観客へ向けて踊った。ニジンスキーが古代の壺に描かれた絵に着想した身体の造形

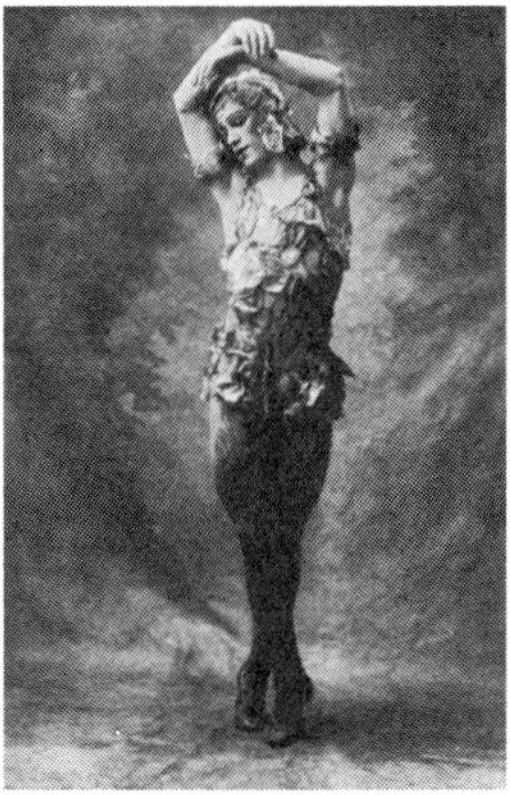

図8－4　ワスラフ・ニジンスキーの《薔薇の精》

である。

《春の祭典》は、音楽と舞踊の両方で、さらなるスキャンダルを巻き起こした。台本は、ストラヴィンスキーが着想して共同執筆したもので、太陽神へ処女を生け贄《いにえ》に捧げる古代ロシアの架空の儀式を描いている。ストラヴィンスキーの二部十四曲の音楽は、不協和音を多用する大胆な和声、拍子が頻繁に変化する複雑なリズム、暴力的な管弦楽の咆哮《ほうこう》など真に前衛的であり、今では二十世紀音楽の記念碑的作品と評されている。しかし、パリ・シャンゼリゼ劇場での初演時は、演奏が始まるとたちまち騒然となり、客席からは嘲笑と野次の声が上がり、支持派と反対派が殴り合いを始める暴動となって音楽がほとんど聞こえなくなった。ついには警察が出動して数十人が逮捕されたという。

ニジンスキーの振付も挑発的だった。ダンサーは《牧神の午後》と同様に下肢をターンインにして頭を傾けて踊り、その動きは重く、束縛されているようであった。生け贄の女のみがソロで、他は全員が儀式化された一様な動きをする群舞だった。

ところで、本書ではバレエを「西欧で確立したダンス・デコールと呼ばれる舞踊技法を軸とする芸術志向の強いダンス」と定義した（序章）。しかし、ニジンスキーは振付からダンス・デコールを意識的に排除した。すなわち、ダンス・デコールを習得したダンサーたちにダンス・デコールを封じて踊らせたのである。一方、ダンカンらのモダンダンスは、ダンス・デコールの習得自体を否定することから出発している点で異なっている。バレエ史を語るにあたり、ニジンスキーの振付は突破点であった。ニジンスキー以降のバレエでは、ダンス・デコールを習得したダンサーがダンス・デコール以外の動きを交えて踊ることが求められるようになったからである。バレエという芸術は、ダンス・デコールを軸としつつダンス・デコール以外の多種多様な振付語彙を吸収して発展してゆく。

レオニード・マシーン——発掘された人気ダンサー

一九一六年、バレエ・リュスがディアギレフ抜きで南米を巡業している時、ニジンスキーは突然女性と結婚する。それに怒ったディアギレフはニジンスキーを解雇した。彼の後を継ぐ振付家としてディアギレフが探し出したのがマシーンだった。

レオニード・マシーン（Leonide Massine, 1895-1979）はモスクワに生まれ、ボリショイ・バレエ団で踊っていたところをディアギレフに見出された。フォーキンの《ヨゼフ伝説》（一四）で主役を踊り、その魅力的な容姿でたちまちバレエ・リュスの人気ダンサーとなった。若いマシーンはディアギレフの指導で振付家としての教育を受け、《夜の太陽》（一五）で振付家としてデビューする。彼はスペイン舞踊のステップ、スポーツの動き、サーカスの所作などを振付に取り入れた。彼の作品はコミカルで陽気なものが多く、スカルラッティの

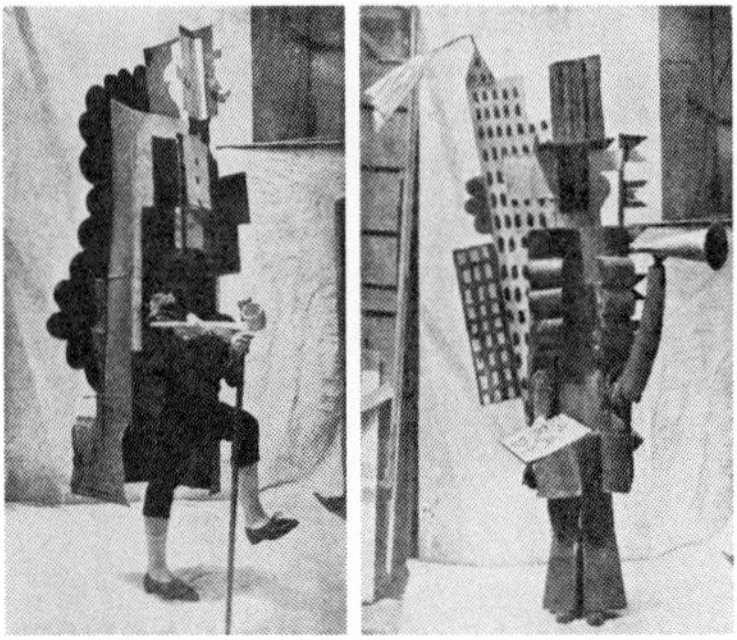
図8－5　ピカソがデザインした《パラード》の衣装
モーリス・レイナル『ピカソ』より

音楽で作った喜劇バレエ《上機嫌なご婦人方》（一七）、ピカソが美術を担当したスラプスティックな筋立ての《三角帽子》（一九）、コメディア・デラルテを題材とし、やはりピカソが美術を担当した《プルチネッラ》（二〇）などが当時の観客に大いに受けた。

マシーンの振付作品のなかでも、コクトーが台本を書き、サティが作曲し、ピカソが美術を担当した《パラード》（一七）の影響力は大きかった。サティの音楽はミュージック・コンクレートの先駆けで、タイプライターの打鍵音、ラジオの雑音、サイレンの音が演奏に用いられた。ピカソの衣装デザインはキュビズム的で、ダンサーの身体をさまざまな立体図形ですっかり覆い隠すものだった（図8－5）。初演時には「絵画と舞踊と台本と音楽の完璧な結婚」と賞賛される一方、良識への挑戦だと非難する声も上がった。

バレエ・リュスに参加した当初は、マシーンはディアギレフの恋人であった。しかし次第に二人の距離は離れていった。二一年、マシーンがバレエ団の女性ダンサーと付き合っていることが発覚してディアギレフは激怒し、ニジンスキーの時と同じようにマシーンを解雇する。マシーンを継いだのは、ニジンスキーの二歳下の妹、ニジンスカだった。

ブロニスラヴァ・ニジンスカ――バレエ・リュス唯一の女性振付家

ブロニスラヴァ・ニジンスカ（Bronislava Nijinska, 1891–1972）は、ベラルーシのミンスクで生まれた。ペテルブルク帝室劇場で踊っていたが、兄と共にバレエ・リュスの旗揚げから参加して、兄の解雇でバレエ・リュスを離れたが、二一年、ディアギレフがロンドンで《眠れる森の美女》を上演するにあたり、振付家として呼び戻された。《眠れる森の美女》は、プティパの最高傑作を西欧で上演する画期的な試みだったが、興行的には大失敗で、ディアギレフは膨大な額の借金を抱えることになった。しかし、ニジンスカはバレエ・リュスで引き続き活動を続けた。

ニジンスカの振付は、兄の影響を受けつつ、ダンス・デコールも用いたものだった。ローランサンが衣装を担当し、女性同士の恋愛を描いた《牝鹿《めじか》たち》、モリエールの恋愛喜劇をもとにし、ブラックが美術を担当した《うるさがた》、コクトーが台本、シャネルが衣装を担当し、スポーツを主題とした《青列車》（三作品ともに二四）などを作っている。

ニジンスカの最高傑作は、ストラヴィンスキーの歌曲に振付けた《結婚》である。台本は

図8－6　《結婚》の一場面　1966年英国ロイヤル・バレエ団初演時、alastairmacaulay.com より

ストラヴィンスキーが書き、ロシアの農村における結婚の儀式をたどる筋立てで、新郎・新婦が友人たちと別れる寂しさや、当日まで結婚相手を知らないことへの不安が描かれていた。横一列になって新婦のお下げ髪を捧げ持ったり、横へ向けた顔を垂直に積み上げるように重ねたり、群舞のフォーメーションが独創的だった（図8－6）。また、ポアント技法を多用したことも大きな特徴である。

ニジンスカは四年ほどで再びバレエ・リュスと袂《たもと》を分かち、自分の舞踊団を結成して巡業を始めた。ニジンスカの後、バレエ・リュス最後の振付家となったのがバランシンである。

ジョージ・バランシン——バレエ・リュス最後の振付家

ジョージ・バランシン（George Balanchine, 1904–83）は、ジョージア（グルジア）人の作曲家を父としてペテルブルクに生まれ、本名はゲオルギー・バランチヴァーゼだった。彼がペテルブルクの舞踊学校で学んでいる間に革命が起こり、帝政ロシアは消滅した。学校時代から振付を始め、GATOB（国立オペラ・バレエ劇場）と改称した元帝室バレエ団へ入団してからも作品を発表し続けたが、その革新的な振付は保守的な劇場幹部の不興を買った。一九二四年、自らの一座を率いてロシアを出国し、二度と祖国へ帰ることはなかった。ドイツ巡業中にディアギレフに出会って採用され、以後ジョージ・バランシンと名乗ることになった。

バランシンの振付は、ニジンスカ以上にダンス・デコールを尊重したものだった。彼のバレエ・リュスでの代表作は、《ミューズを導くアポロ》（二八）と《放蕩《ほうとう》息子》（二九）である。《ミューズを導くアポロ》は、アポロが三人の女神とやりとりをする筋立てで、音楽をストラヴィンスキーが担当した。《放蕩息子》は、新約聖書のたとえ話に基づいた作品で、音楽をプロコフィエフ、美術をルオーが担当した。

《放蕩息子》初演の三ヵ月後、二九年八月十九日、ヴェネツィアで療養中のディアギレフが糖尿病の悪化で急逝し、バレエ・リュスの活動は突然幕を閉じる。さらに二週間後の九月四日、ニューヨークでの株価暴落を発端として、世界大恐慌が始まった。

イギリス・バレエの誕生

さて、バレエ・リュスが「空前絶後の最強バレエ団」と呼ばれる第一の理由として、各ジャンルの先進的な芸術家が多数協力したことを説明した。第二の理由は、このバレエ団に参加した振付家とダンサーたちが、バレエという舞踊芸術を地球規模で普及させたことにある。

現在の世界のバレエ界の基礎を築いたのは、同団の団員たちだったと言ってよい。

二十世紀初頭まで、アングロ・サクソンの国イギリスとアメリカでは、バレエ公演は行われていたもののバレエ学校による教育は定着しておらず、独自のバレエ界は育っていなかった。イギリスのバレエ界の基礎を築いたのは、ド・ヴァロワとランベールというバレエ・リュスの元ダンサー二人であり、アメリカのバレエ界の基礎を築いたのは、バレエ・リュス最後の振付家バランシンである。

ニネット・ド・ヴァロワ（Ninette de Valois, 1898–2001）はアイルランドに生まれ、チェケッティに師事した後、バレエ・リュスに参加し、ニジンスカ振付の《牝鹿たち》、《青列車》、バランシン振付の《ナイチンゲールの歌》などに出演した。退団後の一九二六年、ロンドンにバレエ学校を作り、さらに三一年にヴィック＝ウェルズ・バレエ団を立ち上げて、これが現在の英国ロイヤル・バレエ団の起源となった。ド・ヴァロワの振付作品では、ダンサーがチェスの駒を演じて愛と死の戦いを描いた《チェックメイト》（三七）が代表作である。

マリー・ランベール（Marie Rambert, 1888–1982）はポーランドのワルシャワに生まれ、スイスで、音楽教育法「リトミック」を開発したエミール・ジャック＝ダルクローズに師事した。バレエ・リュスには、《春の祭典》の制作にあたってニジンスキーの助手として雇われ、その後ダンサーとしても出演した。退団後の二〇年、ロンドンにバレエ学校を作り、さらに二六年、マリー・ランベール・ダンサーズというカンパニーを立ち上げて、これが後にバレエ・ランベール（現在はランバート・ダンス・カンパニー）となった。

経済学者ジョン・メイナード・ケインズも、イギリスでのバレエ界創出に一役買っている。ケインズはバレエ・リュスのファンで、ロンドン公演はもちろん、パリ公演にも通うほどだった。ロンドンで《眠れる森の美女》が上演された時も繰り返し鑑賞し、そのときオーロラ姫を演じたダンサー、ロシア生まれのリディヤ・ロポコワ（Lydia Lopokova, 1891–1981）と親しく交際するようになり、後に結婚している。

一九三〇年、英国独自のバレエを創作することを目的に「カマルゴ協会」が設立された。ケインズ夫妻は同協会の創設メンバーとして参加し、さらにケインズは会計担当となった。カマルゴ協会はわずか三年しか活動しなかったが、ド・ヴァロワとアシュトン（第9章）に新作を発表する機会を与え、ド・ヴァロワとランベール、それぞれのバレエ学校のダンサーには舞台出演の機会を与えて、イギリスのバレエ史に足跡を残している。またケインズは、四五年に発足した英国アーツ・カウンシルの初代議長を務めた。

アメリカでのバレエ定着

アメリカにバレエ界が誕生するきっかけは、バランシンの渡米であった。きっかけを作ったのは、リンカーン・カースティンという資産家で、彼は私財を投じてアメリカにバレエ団を作ることを約束して、バランシンをアメリカに招いた。

一九三四年、バランシンはニューヨークにバレエ学校を作り、翌年、その生徒たちで結成したアメリカン・バレエ団の旗揚げ公演を行った。この時、バランシンが生徒たちのために作ったのが、彼の渡米後初の振付作品となった《セレナーデ》だった。これはチャイコフスキーの弦楽セレナーデを用いた一幕物の傑作で、世界中のバレエ団が今も好んで上演している作品である。バランシンの率いるアメリカン・バレエ団は、第二次世界大戦の終結後、ニューヨーク・シティ・センターを拠点とするニューヨーク・シティ・バレエ団へと発展してゆく。

アメリカでは、この時期に次々とバレエ団が誕生している。二九年にアトランタ・バレエ団、三三年にサンフランシスコ・バレエ団が設立され、四〇年にはニューヨークで、現在のアメリカン・バレエ・シアターの前身であるバレエ・シアターが旗揚げ公演を行った。また、ディアギレフのバレエ・リュスの後継を自称していたルネ・ブルムのバレエ・リュス・ド・モンテカルロも、大戦勃発直後の三九年に拠点をニューヨークに移した。同団は当初マシーンが芸術監督を務め、一時期はバランシンが常任振付家を務めたが、戦後に解散している。

フランス・バレエの復活

フランスのバレエ界を再生したのは、ディアギレフのバレエ・リュスの熱烈なファンであったルーシェと、バレエ・リュス最後の男性スター、リファールであった。

ジャック・ルーシェ（Jacques Rouché, 1862–1957）はフランス生まれで、若い頃には俳優を目指したが、香水会社の社長となり、バレエ・リュスに刺激を受けて劇場経営へと乗り出した。一九一四年、パリ・オペラ座の総裁に就任し、フォーキンやニジンスカに振付を委嘱したり、ルビンシュテインをダンサーとして招いたりして、オペラ座の復興に努めた。莫大《ばくだい》な私財を投じて長年オペラ座の赤字を補い、四四年まで総裁を務めた。その彼がオペラ座のバレエマスターとして招いたのがリファールである。

セルジュ・リファール（Serge Lifar, 1905–1986）はウクライナのキーウ（キエフ）生まれで、ニジンスカがキーウに開いたバレエ学校で学び、二三年、バレエ・リュスにデビューした。チェケッティの下で学び続け、その整った体形と美貌でバレエ・リュスの看板ダンサーとなった。マシーンの《ゼフィールとフロール》（三五）、バランシンの《ミューズを導くアポロ》、《放蕩息子》などで主演している。彼はディアギレフの恋人となり、二九年、ヴェネツィアでその死を看取った。

その年、ルーシェはベートーヴェンの音楽を使った《プロメテウスの創造物》の振付をバランシンに委嘱し、その主演ダンサーにリファールを招いた。しかし、バランシンが肺炎に罹《かか》ったため、リファールが振付を完成させることになる。これをきっかけに、リファールはルーシェの信頼を得て、パリ・オペラ座のバレエマスターを務めることになった。

リファールは自ら主役ダンサーとして踊りつつ、精力的にパリ・オペラ座の改革に努めた。まず多額の年会費を支払えばフォワイエ・ド・ラ・ダンスに入室できる悪弊を廃止し、教育に力を注いでダンサーの技術水準を高めた。長くレパートリーから外れていた《ジゼル》を復活上演し、自らアルブレヒトを演じ、人気演目として定着させた。彼の振付作品には、打楽器のみの音楽で演じる《イカール》(三五)、筋書きのないシンフォニック・バレエ《白の組曲》(四三)、コクトーが台本と美術の両方を手掛けた《フェードル》(五〇)、シャガールが美術を担当した《ダフニスとクロエ》(五八)など、挑戦的な作品や一流の芸術家と協働した作品が多い。「エトワール」をパリ・オペラ座の正式な最高職位にしたのも、足のポジションに第六、第七ポジションを追加したのもリファールである。

ソ連のバレエ

ロシアでは、革命後も変らず、バレエは国家が庇護《ひご》する芸術であり続けた。ペテルブルクのマリインスキー劇場とモスクワのボリショイ劇場は国立となり、前者はGATOBの名前を経て、一九三五年にキーロフ記念レニングラード・オペラ・バレエ劇場となった。キーロフはソ連共産党指導者の名前である。ソ連政府は、国家的に誇れる文化としてバレエを保護・後援し、新たな創作手法として「社会主義リアリズム」を奨励した。社会主義リアリズムとは、社会の現実や歴史、労働者の生活を写実的に描写することで、社会主義革命の正しさを伝えることを意図した手法である。二〇年代以降、ロプホーフ、ワイノーネン、ラヴロフスキーらが、社会主義リアリズムを意識したバレエを次々と創作した。

フョードル・ロプホーフ（Fyodor Lopukhov, 1886–1973）はペテルブルクに生まれ、帝室バレエ団のダンサーとなり、革命前から実験的な振付作品を発表していた。ベートーヴェンの交響曲を用いた《舞踊交響楽》（二三）は抽象主義的なバレエで、バランシンが出演している。革命後、ショスタコーヴィチの音楽で、工場を舞台に怠惰なブルジョワジーを批判的に描いた《ボルト》（三一）と、コルホーズ（集団農場）を舞台にブルジョワ的恋愛遊戯を批判的に描いた《明るい小川》（三五）を振付けた。しかし《明るい小川》はソ連共産党から批判され、ロプホーフとショスタコーヴィチは政治的な弾圧を受けることになった。

ワシリー・ワイノーネン（Vasily Vainonen, 1901–1964）もペテルブルク生まれで、キーロフ・バレエ団のダンサーとして活躍した。彼の最初の重要な作品は、ショスタコーヴィチの音楽に振付けた《黄金時代》（三〇）である。資本主義国の博覧会にソ連のサッカークラブが招かれ、彼らが現地の労働者とともにファシストと闘うという筋書きだった。続いてフランス革命におけるマルセイユの義勇軍の活躍を描いた《パリの炎》(三二)が成功を収めた。《くるみ割り人形》(三四)の改訂も成果を上げ、今も世界中のバレエ団がワイノーネン版の演出・振付をベースにした《くるみ割り人形》を上演している。

レオニード・ラヴロフスキー(Leonid Lavrovsky, 1905–1967)もペテルブルクに生まれ、キーロフ・バレエ団のダンサーとして活躍し、ロプホーフの《舞踊交響楽》にも出演している。最も成功した作品は、プロコフィエフ作曲の音楽に振付け、キーロフ・バレエ団が上演した《ロミオとジュリエット》(四〇)である。この全幕バレエは、社会主義リアリズムの枠を超えて、バレエの演劇的表現力を深めた演出・振付として評価されている。十九世紀の古典全幕作品のような単純で定型的な人物関係ではなく、シェイクスピアの戯曲に基づいた複雑な人間関係をそのまま活かし、登場人物の感情をダンス・デコールの振付語彙で鮮やかに表現して、後世の振付家へ影響を与えた。

なお、ロシア・バレエに関しては、アグリッピナ・ワガノワ(Agrippina Vaganova, 1879–1951)というペテルブルク生まれの優れたバレエ教師の存在も忘れることはできない。ワガノワの厳格な教授法は、国家からの支援を受けてソ連全土に広まった。五七年、ペテルブルク(当時レニングラード)の国立バレエ学校は、彼女の栄誉を称えて「ワガノワ・バレエ・

アカデミー」と改称した。

日本に伝わったバレエ

日本では、一九一二年、ジョバンニ・ヴィットリオ・ローシー（Giovanni Vittorio Rosi, 1867–1940）が帝国劇場歌劇部の舞踊教師として招かれ、日本最初のバレエ教師となった。ローシーはイタリア生まれで、ミラノ・スカラ座のダンサーとして踊った後、ロンドンで振付家として活動していた人物である。

二二年には、アンナ・パヴロワの一座が来日した。東京では帝国劇場で公演を行い、さらに神戸、岡山、広島、下関、長崎で巡業を行っている。このときのパヴロワが踊った『瀕死の白鳥』の演技は、文学者の芥川龍之介《あくたがわりゅうのすけ》、谷崎潤一郎《たにざきじゅんいちろう》、川端康成《かわばたやすなり》、武者小路実篤《むしゃのこうじさねあつ》、作曲家の山田耕作《やまだこうさく》、歌舞伎役者の六代目尾上菊五郎《おのえきくごろう》などに深い感動を与えた。芥川は「僕はパブロワの腕や足に白鳥の頸や翼を感じた。同時に又みおやさざ波を感じた」と感想を記している。

二七年、ロシアから亡命して来日したエリアナ・パヴロワ（Elena Pavlova, 1897–1941　日本名・霧島エリ子）が鎌倉に日本初のバレエ教室を開設した。エリアナはジョージア（グルジア）で貴族の家に生まれ、ロシア革命の時に戦火を逃れて出国し、中国を経由して日本へたどり着いた。プロのバレエダンサーではなかったが、来日して社交ダンスを教え始め、やがてバレエも教えるようになった。彼女の指導により、服部智恵子《はっとりちえこ》（1903–84）、橘秋子《たちばなあきこ》（1907–71）、貝谷《かいたに》八百子《やおこ》（1921–91）、東勇作《あずまゆうさく》（1910–71）、小牧正英《こまきまさひで》（1911–2006）、島田廣《しまだひろし》（1919–2013）など、戦後日本のバレエ界を担うダンサーたちが育ってゆく。ちなみに谷崎潤一郎は、長編小説『痴人の愛』（二五年出版）の中に、エリアナ・パヴロワをモデルとした社交ダンスの教師を登場させている。

また三六年には、日本人外交官と結婚したオリガ・サファイア（Olga Sapphire, 1907–1981 日本名・清水みどり）が来日し、日本劇場を拠点とする日劇ダンシングチームのバレエ教師に就任した。サファイアはペテルブルク生まれで、ロシアではプロのバレエダンサーとして活動していた。彼女の下からも、松尾明美《まつおあけみ》（1919–2013）、谷桃子《たにももこ》（1921–2015）、松山樹子《まつやまみきこ》（1923–2021）ら、日本のバレエ界を担う面々が育ってゆく。

ノーベル文学賞を受賞した川端康成は、バレエをよく鑑賞し、バレエを題材とした小説をいくつも書いた。戦後五一年に出版した『舞姫』は、進駐軍が支配する東京を舞台に元プリマ・バレリーナを主人公とした長編小説で、登場人物の会話に、《ペトルーシュカ》、《白鳥の湖》、ニジンスキー、パヴロワ、プリエ、グラン・フェッテなど、バレエに関する語が頻出する。代表作『雪国』（三七年出版、完結本は四八年）でも、主人公の男性はバレエ（西洋舞踊）のライターと設定されている。しかし、この主人公は、生のバレエを全く見ずに、写真と文献だけで執筆をしている人物である。当時の日本では、バレエの舞台を見る機会が稀少であったことがうかがえよう。

第9章　二十世紀バレエの飛躍
——振付家・ダンサー・バレエ団

二十世紀後半の世界

第二次世界大戦の終結から二十世紀末までに、バレエ芸術はいっそうの「深さ」と「広がり」を獲得して大きな発展を遂げた。すなわち、①芸術的表現の深化・高度化と②鑑賞・参加の国際化・大衆化を達成したのである。本章では、①に貢献したバレエ振付家を十二人選んで一人ずつ紹介し、②についてはスターダンサーと各国のバレエ団に注目して説明する。

二十世紀後半は、世界がアメリカとソ連を中心とした東西の陣営に分裂して「冷戦」と呼ばれる緊張が生じた時代である。一方で、第三世界では多数の民族が独立を達成した。九〇年代になると冷戦は終結し、国際関係は複雑化した。

経済においては、イギリスの覇権を奪ってアメリカが新たな最強国となった。アメリカは、資本主義（西側）諸国の経済・政治・軍事的なリーダーを自認して、国際関係の主導権を握るようになる。一方ソ連は、社会主義（東側）諸国の経済・政治・軍事的なリーダーとなって、アメリカと対立した。この二つの経済圏の対立は、緊張と緩和を繰り返しながら、一九九一年のソ連解体まで続いた。

政治的には、西側諸国の多くが、自由選挙と複数政党制による民主主義を成熟させてゆく。参政権は、財産による制限選挙から、やがて女性を含めた普通選挙制へと広がった。資本主義そのものもケインズ経済学などによって修正が施され、社会民主主義的な福祉政策が導入されるようになった。一方、社会主義を表明する国家は、東欧、東アジア、中南米、アフリカなどで約四十ヵ国誕生した。しかし、中国は七八年から鄧小平《とうしょうへい》政権下で市場経済の導入を開始する。八九年には東欧革命が勃発し、ベルリンの壁は打ち壊され、まもなく東欧諸国とソ連は自由選挙、複数政党制と市場経済を導入して、社会主義圏は消滅してゆく。

文化的には「消費社会化」と「グローバル化」の時代である。二〇世紀後半、工業（生産）を基盤としていた社会は、商業（消費）を基盤とする消費社会へと変容してゆく。市場の拡大を原動力とする資本主義システムは、領土拡大や植民地による地理的な市場拡大を断念し、新しい商品・サービスの開発とマーケティングと広告で、消費者の欲望を意図的に創出・喚起する心理的な市場拡大の手法を獲得する。

同時に、科学技術の進展が「グローバル化」を加速させた。この世紀に発明されたものを列挙すれば、交通・物流システムでは、ジェット機、ヘリコプター、高速鉄道、有人宇宙ロケットなど、記録・通信システム（メディア）では、テレビ放送、人工衛星、コンピュータ、インターネット、光ディスク（CD、DVD）、光ケーブル、携帯電話などである。これらの科学技術がヒト、モノ、情報の移動効率を最大化し、メディア学の創始者マーシャル・マクルーハンの予言通り、世界が「地球村」となるグローバル化が進行した。そしてバレエは世界へ広がり、誰もが劇場で、あるいはメディアを通して楽しめる開かれた芸術となったのである。

バレエの表現を深めた振付家たち

表9－1は、これから紹介するバレエ振付家の一覧表である。「バレエ振付家」の定義は難しいが、第8章で述べた通り、バレエという芸術が「ダンス・デコールを習得したダンサーがダンス・デコール以外の動きを交えて踊る」方向へ発展したことを踏まえて、十二人を選んだ。すなわち、主としてダンス・デコールの習得を前提としたプロのバレエ団のために作品を作った振付家で、その創作が世界のバレエ界に強い影響を与え、現在も作品がレパートリーとして上演され続けている人物から選出したものである。

表9－1の右端の「物語性」という欄については、バレエという芸術の表現の深化・高度

表9－1　20世紀後半に活躍したバレエ振付家12人

世代	名前（生没年、出身地）	活躍した主なバレエ団	物語性
第一世代	ウラジーミル・ブルメイステル（1904-1971、ベラルーシ）	モスクワ音楽劇場バレエ団	強
	ジョージ・バランシン（1904-1983、露）	ニューヨーク・シティ・バレエ団	弱
	フレデリック・アシュトン（1904-1988、エクアドル）	英国ロイヤル・バレエ団	強
	アントニー・チューダー（1908-1987、英）	アメリカン・バレエ・シアター	強
第二世代	ローラン・プティ（1924-2011、仏）	マルセイユ国立バレエ団	強～弱
	ジョン・クランコ（1927-1973、南アフリカ）	シュツットガルト・バレエ団	強
	モーリス・ベジャール（1927-2007、仏）	ベジャール・バレエ・ローザンヌ	強～弱
	ユーリー・グリゴローヴィチ（1927-、露）	ボリショイ・バレエ団	強
	ケネス・マクミラン（1929-1992、英）	英国ロイヤル・バレエ団	強
第三世代	ジョン・ノイマイヤー（1939-、米）	ハンブルク・バレエ団	強～弱
	イリ・キリアン（1947-、チェコ）	ネザーランド・ダンス・シアター	弱
	ウィリアム・フォーサイス（1949-、米）	フランクフルト・バレエ団	弱

（注）配列は生年・没年順。バレエ団は現在の名称。出身地は現在の国名。

化に関連して説明が必要であろう。「物語性」とは、具体的な物語・事件、感情・心理、事物・事象の表現を意図した作品の属性であり、「具象性」にほぼ等しい。物語性には三つの段階を考えることができる。第一は、最も強い物語性で、例えば《白鳥の湖》のように起承転結のあるストーリーを表現する場合である。表現されるストーリーは、お伽噺《とぎばなし》、文学作品、歴史上の事件など、さまざまである。第二は、はっきりしたストーリーはないが、具体的な感情・心理、事物・事象を表現する場合である。表現される対象は、恋愛の陶酔感であったり、時代を覆う不安感であったり、降りしきる粉雪であったり、これもさまざまである。そして第三は、具体的な物語・事件、感情・心理、事物・事象のいずれの表現も意図していない場合であり、これは非物語的ないし抽象的と呼ぶことができる。

それぞれの振付家には、物語性に関する傾向・嗜好《しこう》が存在している。表9―1の「物語性」を「強」としたのは、演劇的、文学的なバレエ作品の創作を得意とした振付家、「弱」は、音楽的、抽象主義的なバレエ作品の創作を得意とした振付家、「強〜弱」は、物語性の強い作品から抽象度の高い作品まで幅広く創作した振付家である。

二十世紀後半にバレエという芸術は、この具象と抽象の両面で芸術的表現の深化・高度化が進んだ。具象面では、登場人物の繊細な感情の動き、交錯する複雑な人間関係、起伏や意外性のある入り組んだストーリーを、言語を用いずにダンスによって伝える表現力を獲得した。抽象面では、ダンス・デコールの動きが大きく拡張され、あるいはダンス・デコールとは異質な動きが組み込まれて、新鮮で変化に富んだ振付語彙や、ダンサーの身体による独創的な造形・運動によって観客を魅了する力を獲得した。

それでは、これから十二人の振付家を二、三人ずつ組み合わせて紹介していきたい。

アメリカで誕生した新しいバレエ

少し時代を遡るが、一九三〇年代、アメリカで新しいバレエが誕生した。チューダーの開発した「心理バレエ」とバランシンの完成させた「プロットレス・バレエ」である。

アントニー・チューダー（Antony Tudor, 1908-87）はロンドンに生まれ、二十歳の頃バレエ・リュスの公演を見て突然バレエに興味を覚え、ランベールの下でバレエを学び始めた。三〇年にランベールのカンパニーに入団して活動した後、三九年に渡米し、ニューヨークでバレエ・シアター（後のアメリカン・バレエ・シアター）にダンサー兼振付家として参加した。

チューダーの作品が「心理バレエ」と呼ばれているのは、伝統的なマイムやダンサーの顔の表情に頼ることなく、ダンス・デコールの技法に従った身体の動きで登場人物の内面、心情を表現し、感情の機微をバレエで伝えることに成功したからである。微妙な心理を踊りで表現する画期的な手法であった。

チューダーの初期の代表作は、《リラの園》（三六）である。この一幕のバレエは、不本意な結婚を明日に控えた新郎と新婦、新郎の愛人、新婦の恋人の四人が月夜の庭で出会うという筋立てであり、ダンサーの身体の位置、視線の方向、ステップの緩急などを工夫し、四人の感情をバレエで雄弁に表現する振付だった。戦時下、シェーンベルク作曲の『浄められた夜』を使って同団のために作った《火の柱》（四二）は、彼のもう一つの代表作である。これも一幕のバレエで、主人公の女性はある青年を恋い慕うが、その青年が主人公の妹と親密になるのに耐えられず、隣家の不良に衝動的に身を任せてしまうという物語だった。女性の性的な情動を正面から描写した最初のバレエ作品である。

一方、バレエ・リュス最後の振付家ジョージ・バランシンは、三四年に渡米して（第8章）、独自の美意識でプロットレス・バレエ、あるいは抽象主義的バレエを完成させた。バレエ表現の純粋化を企てて芸術としての普遍性を高めた点でも、舞台空間をダンサーの身体で支配するバレエの技法をさらに合理化した点でも、バレエのモダニズムを推し進めた振付家だ。八三年に亡くなるまで、自ら創設したニューヨーク・シティ・バレエ団の芸術監督を務めて、同団を世界的なバレエ団へと成長させた。

彼の振付の特徴は直線性と速度である。手足の描く軌跡は、ダンス・デコールの美学から逸脱しない範囲で直線的で、きびきびと畳みかける動きが鮮烈な印象を与える。ダンス・デコールを尊重しているが、その速さと広がりを増量して、舞台空間をより速く、より広く効率的に支配する独自のメソッドを開発した。伝統的なメソッドと比較すれば、四番ポジション（序章）の両足の間隔が広い、腕や脚の軌跡をショートカットする、手首を直角に曲げてアクセントをつけるなどの特徴を挙げることができる。作品には対称的な構造へのこだわりもあり、《四つの気質》（四六）、《シンフォニー・イン・C（水晶宮）》（四七）、《テーマとヴァリエーション》（四七）、《ジュエルズ》（六七）などの代表作は構造が似通っている。

バランシンは渡米後もストラヴィンスキーとの共同制作を継続した。ストラヴィンスキーは彼のために《アゴン》（五七）など四曲を作曲している。また、表9－1の「物語性」は「弱」としたが、具象的な作品もあり、《ウェスタン・シンフォニー》（音楽ケイ、五四）、《スターズ・アンド・ストライプス》（音楽スーザ、五八）、《フー・ケアーズ?》（音楽ガーシュイン、七〇）などでは、アメリカの作曲家の音楽を使い、アメリカ的な情景をバレエで表現している。

ソ連の社会主義的バレエ

前章ではソ連の振付家としてロプホーフ、ワイノーネン、ラヴロフスキーを紹介したが、その後の時代の代表として、ブルメイステルとグリゴローヴィチを紹介する。

ウラジーミル・ブルメイステル（Vladimir Bourmeister, 1904–71）は、古典バレエとリアリズム演劇を融合させた振付家である。母方の祖父がチャイコフスキーの従兄弟という家系に生まれ、ロシア革命後、モスクワの演劇学校でスタニスラフスキー・システムを学んで深く傾倒した。スタニスラフスキー・システムとは、誇張した紋切り型や芝居がかった演技を否定し、内面的な真実に基づいた演技を探究するリアリズム演劇の方法論である。

ブルメイステルは、三〇年代には真っ先に「社会主義リアリズム」（第8章）を主唱した一人だった。四一年にモスクワ音楽劇場の首席バレエマスターとなると、自らの理論に基づく創作を重ねていった。

《白鳥の湖》の改訂版（五三）では、筋立てがより合理的で説得力が増すような修正を行っている。例えば冒頭にオデット姫が白鳥に変身させられる場面を追加したり、第三幕で悪魔ロットバルトの手下たちがキャラクター・ダンス（第7章）を踊ったり、全幕通して演出上の工夫を施した。最も大きな改変は幕切れで、オデット姫の投身自殺で終わる悲劇を、悪魔が滅び、オデット姫が人間の姿に戻るハッピーエンドに変更した。また、チャイコフスキーの音楽で割愛されていた楽曲を復元し、原曲通りの順序ですべて使用している。

一方ユーリー・グリゴローヴィチ（Yurii Grigorovich, 1927–）は、スケールの大きい全幕作品を数多く創作し、群舞によるバレエの演劇的表現を進展させた振付家である。レニングラード（現ペテルブルク）に生まれ、四六年にキーロフ・バレエ団（現マリインスキー・バレエ団）のダンサーとなった。早くから振付を始めていたが、五七年、プロコフィエフの音楽に振付けた全幕バレエ《石の花》の成功で大きな飛躍を遂げた。《石の花》はウラル地方の民話が原作で、美しい石の花を求めて魔法の山へ入り込んだ石工の青年と、彼を探して旅をする恋人の物語である。

グリゴローヴィチは交響楽的な楽曲に合わせて、群舞を連鎖させることで場面を表現する新しい振付手法を考案した。群舞の強調は、人民大衆が協働して国家の繁栄を構築するというソ連のイデオロギーとの相性も良かった。六四年、グリゴローヴィチはボリショイ・バレエ団の芸術監督となり、その後三十年間にわたって同団を率いた。

グリゴローヴィチの代表作は、ボリショイ・バレエ団に振付けた《スパルタクス》（音楽ハチャトリアン、六八）である。古代ローマ時代の奴隷たちの反乱を描いた物語で、男性ダンサーの群舞による力強く情熱的な表現は、ボリショイ・バレエ団の海外公演を通じて世界中で評判となった。その他にも、《愛の伝説》（音楽メリコフ、六一）、《イワン雷帝》（音楽プロコフィエフ、七五）、《黄金時代》（音楽ショスタコーヴィチ、八二）など、ソ連の作曲家の音楽を使い、社会正義を主題としたソ連らしい筋立ての全幕バレエを作り続けた。

ローラン・プティ——パリのダンディズム

フランス生まれの二人の振付家、プティとベジャールは、作品主題、振付語彙、演出手法のいずれにおいても独創性を発揮し、バレエ芸術の地平を大きく広げた振付家である。しかし、その作風は対照的で、プティの作品は軽妙で華やかな作品が多く、ベジャールの作品は重厚で思索的な作品が多い。

ローラン・プティ（Roland Petit, 1924–2011）はパリに生まれ、第二次世界大戦勃発後の四〇年にパリ・オペラ座に入団するが、バレエ・リュスに参加したボリス・コフノやジャン・コクトーに出会って刺激を受け、終戦を待たず四四年に退団した。コクトーの台本で《若者と死》（四六）を作って注目を浴び、《カルメン》（四九）の成功で世界的な名声を得た。前者は若い男性が女性（実は死神）に魅入られて首を吊るという一幕物、後者は女性の攻撃的な官能性を大胆に表現した全幕バレエである。五〇年代はハリウッドの映画界で振付家として活躍し、六〇年代はパリでレビュー公演を多数制作している。

六五年、古巣のパリ・オペラ座バレエ団からの委嘱で制作した《ノートル・ダム・ド・パリ》は、プティの代表作の一つである。衣装はイヴ・サンローランがデザインし、音楽は『アラビアのロレンス』、『ドクトル・ジバゴ』など映画音楽で知られているモーリス・ジャールが作曲した。原作は文豪ユゴーの長編小説である。

プティの振付は、ダンス・デコールに準拠した古典的な動きに、ダンス・デコールに存在しない仕草、例えば肘を張る、肩をすくめる、お尻を突き出す、腰を振るなどの動作を挿入することで、バレエの枠組を広げるものだった。その結果、華やかで楽しげな感じや、お洒落で垢抜けた雰囲気が生み出された。それは女性ダンサーにおいてより効果的で、女性のコケティッシュな魅力を強調する手法だった。演出では、ショウビジネスの手法をバレエに導入し、扇子、羽飾り、煙草、椅子、鏡などの小道具を効果的に用いた。振付と演出の相互作用で、彼の作品はフランス的なエスプリやユーモア、あるいはダンディズムを感じさせる。

音楽に関しては、クラシック以外を積極的に用いた。シェーンベルク、メシアン、ソーゲなどの現代音楽に振付け、プログレッシヴ・ロックの音楽で《ピンク・フロイド・バレエ》（七二）、ビッグバンド・ジャズの音楽で《デューク・エリントン・バレエ》（二〇〇一）を創作した。多彩な音楽の使用によってもバレエの可能性を押し広げた振付家である。

モーリス・ベジャール——哲学と政治のバレエ

モーリス・ベジャール（Maurice Béjart, 1927–2007）はマルセイユに生まれ、終戦後の数年間はプティと同じガラ公演、ツアー公演にダンサーとして参加している。五九年、ベルギーの王立モネ劇場の委嘱で振付けた《春の祭典》で、一躍振付家として有名になった。これは人間の性行為を正面から描いた前衛的なバレエで、数十人のダンサーが男女組になって激しく腰を合わせる振付はスキャンダルとなり、賛否を巻き起こした。六〇年、モネ劇場の常設バレエ団として二十世紀バレエ団を結成し、そこで多数の作品を創作している。八七年、同団は本拠地をスイスのローザンヌへ移した。

代表作の《ボレロ》（六〇）は、かつてルビンシュテインがラヴェルに委嘱した音楽を使った作品である（第8章）。円卓の上で主役が独り踊り始め、ひたすら踊り続けると、それを取り囲んで踊るダンサーが少しずつ増えてゆくという演出。クロード・ルルーシュ監督の映画『愛と哀しみのボレロ』（八一）に収録されて世界に知られ、不朽の名作となった。

ベジャールは、バレエで哲学的な主題と政治的な主題を扱った先駆者だった。例えば《三人のソナタ》（五七）でジャン＝ポール・サルトルの戯曲『出口無し』をバレエ化し、《バクティ》（六八）でヒンドゥー教を、《ピラミッド》（九〇）でスーフィズムを題材として作品を作った。政治的なメッセージの強い作品としては、《第九交響曲》（六四）で人種を超えた世界平和を唱え、《ロミオとジュリエット》（六六）でベトナム戦争に反対し、《火の鳥》（七〇）で闘うパルチザンを描いている。

ベジャールは同性愛者であり、男性ダンサーの魅力を印象付ける作品を数多く作った。主役も群舞も上半身裸の男性が演じ、男性の官能性を強調する振付が多い。この点では、女性ダンサーの魅力を印象付ける作品を多く作った異性愛者のプティと対照的である。振付は、プティ以上にダンス・デコールから外れた動きを多用するものだった。例えば股を開いて腰を落とす、手で自分の身体を撫で回す、両腕を伸ばしてぐるぐる回す、四つん這いになる、寝そべるなど、一見すると滑稽味があるけれど原始的な生命力を感じさせる動きが頻出する。

音楽は、古典音楽のみでなく、アンリ、シェーンベルク、ベルク、ウェーベルン、クセナキスなど、現代音楽を使った作品も多い。またハードロック・バンド、クィーンの音楽を用いて、エイズによる死をテーマにした傑作《バレエ・フォー・ライフ》（九七）を作った。同作の衣装はヴェルサーチのデザインだった。ヴェルサーチはほかにも複数の作品でベジャールと協働している。

親日家で日本文化を知悉《ちしつ》していたベジャールは、チャイコフスキー記念東京バレエ団（後述）のために二つの全幕バレエを創作している。《ザ・カブキ》（八六）では『仮名手本忠臣蔵』を大胆な発想でバレエ化した。《M》（九三）では三島由紀夫をテーマとし、『金閣寺』、『仮面の告白』、『豊饒《ほうじょう》の海』などの小説を題材にして三島の思想と美学を描いた。どちらの作品も、音楽は黛《まゆずみ》敏郎《としろう》が作曲している。

ジョン・クランコ――シュツットガルトの奇跡

次に紹介するクランコ、アシュトン、マクミランは、三人ともイギリス国籍の振付家で、バレエ全幕作品の演劇的表現を大きく前進させた点で共通している。いずれも若い頃、イギリス・バレエの母、ド・ヴァロワのバレエ団で学んでいる。アシュトンは他の二人より世代が上だが（表9－1）、ここでは夭折《ようせつ》したクランコから紹介する。

ジョン・クランコ（John Cranko, 1927–73）は、南アフリカに生まれてケープタウンでバレエを学び、終戦直後の四六年に渡英して、ド・ヴァロワのサドラーズウェルズ・バレエ団に入団した。若くして振付の才能を開花させ、五〇年代だけでもド・ヴァロワのバレエ団（五六年に「ロイヤル・バレエ団」と改称）に加えて、バレエ・ランベール、ニューヨーク・シティ・バレエ団、ミラノ・スカラ座バレエ団に作品を提供している。六一年、ドイツのシュツットガルト・バレエ団の芸術監督に就任すると、同団で優れた物語バレエを次々に作り上げた。シュツットガルトは十八世紀にノヴェールが活躍した都市であるが（第6章）、二十世紀前半のシュツットガルト・バレエ団はほぼ無名であった。それを短期間に世界的なバレエ団へと育成したことで、クランコの活躍は「シュツットガルトの奇跡」とまで呼ばれた。しかし七三年、旅行中の飛行機内で心臓発作を起こし、四十五歳で夭折する。

クランコの代表作はシュツットガルト・バレエ団のために創作した物語バレエで、シェイクスピアの戯曲を原作とした《ロミオとジュリエット》（六二）、《じゃじゃ馬馴らし》（六九）、プーシキンの韻文小説を原作とした《オネーギン》（六五）などである。彼の振付・演出は、登場人物の性格を明瞭に表現する演技、物語の筋立てがはっきりと分かる演出、独特のリフトやサポートを用いたダイナミックかつ叙情的なパ・ド・ドゥなどを特徴としている。振付の時間的構成がきわめて巧妙な点もクランコの特徴である。例えば《オネーギン》最終場のパ・ド・ドゥは、オネーギンの告白に激しく揺さぶられるタチヤーナの心情の変転を、緩急をつけた振付で見事に表現した傑作である。

フレデリック・アシュトン——英国バレエの確立者

アシュトンとマクミランは、いずれも英国ロイヤル・バレエ団の芸術監督を務め、ともにシェイクスピアの国らしい英国バレエのスタイルを発展させた。しかし、その作風は二人の性格を反映して対照的だった。アシュトンは陽気で明るい作品を得意とし、マクミランは愁いを帯びた物悲しい作品を得意とした。

フレデリック・アシュトン（Frederick Ashton, 1904–88）は、南米のエクアドルでイギリス人の両親の元に生まれた。幼い頃にペルーでパヴロワの演技を見て感動したという。ロンドンへ移り、マシーンとランベール、それぞれの学校でバレエを学び、ルビンシュテインのカンパニーで踊った。彼もまたバレエ・リュスの流れにつながる振付家である。性格は社交的で明るく、人を笑わせるのが好きで、上流階級の人々との交友関係も広かった。

ド・ヴァロワに招かれてヴィック＝ウェルズ・バレエ団（後のロイヤル・バレエ団）に入団し、カマルゴ協会（第8章）でも振付を担当した。四八年に初演したイギリス初のオリジナル全幕バレエ《シンデレラ》は、シンデレラの義理の姉妹がコミカルな役柄となっており、劇場が笑いで包まれて大成功した。その後も、十八世紀末のドーベルヴァル（第6章）の作品をもとにした《ラ・フィーユ・マル・ガルデ》（六〇）や、十九世紀末のパリ・オペラ座の作品をもとにした《二羽の鳩》（六一）などの全幕バレエをヒットさせ、六三年から七〇年まで英国ロイヤル・バレエ団の芸術監督を務めた。

アシュトンは物語バレエの創作において、たわいのないお伽噺を独自の振付スタイルで深く彫り込む術に秀でていた。例えば、細かく入り組んだステップ、トルソ（胴）の優美な反りとひねり、立体感のあるエポールマン（肩の角度）、頭を傾ける装飾的なポーズなどは、アシュトン独特のスタイルとして豊かな表現力を備えている。パ・ド・ドゥでのリフトやサポートの工夫、かぶりものを使ったユーモラスなキャラクター・ダンスなども特徴としてあげることができる。これらの特徴は、後年制作したバレエ映画『ベアトリクス・ポター物語（ピーターラビットと仲間たち）』（七一）の演出・振付にも表れている。

ケネス・マクミラン——演劇的バレエの深化

ケネス・マクミラン（Kenneth MacMillan, 1929–92）は、アシュトンの二十五歳年下で、アシュトンが富裕な両親の下で育ったのとは対照的に、スコットランドの貧しい家庭に生まれた。少年時代に母親を心臓発作で亡くしている。ド・ヴァロワのサドラーズウェルズ・バレエ団に入団し、長身でスタイルのよい彼は将来のスターと期待されたにもかかわらず、二十歳代で深刻なステージ・フライト（舞台恐怖症）に悩まされ、舞台で踊れなくなった。それを助けたのは、二歳年上の同僚で友人のクランコだった。マクミランはクランコが主催するグループ公演に振付家として参加することで立ち直り、ダンサーから振付家に転身する。

初期の振付作品は、少女の孤独を描いた《ソリテール》（五七）、女性に対する性的暴行を扱った《インヴィテーション（招待）》（六〇）など、人間心理の暗部を抉《えぐ》るような作風であった。六五年、ロイヤル・バレエ団のために振付けた《ロミオとジュリエット》は、シェイクスピアの戯曲を十分に生かし、多数の登場人物の喜怒哀楽を巧みな振付で表現して大ヒットした。初演の主役は、フォンテインとヌレエフ（後述）というスターダンサーが演じていた。七〇年、アシュトンの後任としてロイヤル・バレエ団の芸術監督に就任し、七七年まで務めた。

マクミランは、重厚な文学作品や謎めいた歴史的事件をバレエ作品に仕立てる術に長けていた。《ロミオとジュリエット》以外の代表作は、ニコライ二世の皇女アナスタシアを主人公としてロシア帝国の崩壊を描いた《アナスタシア》（七一）、アベ・プレヴォの長編小説『マノン・レスコー』をバレエ化した《マノン》（七四）、オーストリア皇太子が愛人と心中した実話に基づく《マイヤリング（うたかたの恋）》（七八）などである。

振付も独創的で、登場人物の歓喜、憎悪、絶望のような激しい感情や、鋭い対立・葛藤など、劇的な緊張を伴う場面の表現に優れていた。例えば《ロミオとジュリエット》と《マノン》の最終場では、いずれも死体に等しい脱力した女性を男性が大きく振り回す振付で、男性の苦悶を的確に表現している。一幕物も数多く作っており、例えばチェホフの戯曲を原作とした《三人姉妹》(九一)は、登場人物一人ずつの悲哀をバレエで活写した名作である。

シュツットガルト・バレエ団出身の三人

表9－1に第三世代として挙げた三人、ノイマイヤー、キリアン、フォーサイスは、作風は三者三様であるが、いずれも四〇年代生まれで、シュツットガルト・バレエ団のダンサーだったという共通点がある。同バレエ団が二十世紀後半を代表する振付家を三人も輩出した事実も、前述の「シュツットガルトの奇跡」の一部と言ってよいだろう。

ジョン・ノイマイヤー(John Neumeier, 1939–)は、繊細な振付と斬新な演出によって、バレエの演劇的表現をさらに深化させた振付家である。アメリカ中西部のミルウォーキーに生まれ、英国ロイヤル・バレエ学校卒業後、六三年にシュツットガルト・バレエ団へ入団し、ソリストとして踊ると同時に振付を始めた。六九年、二十七歳でフランクフルト・バレエ団の芸術監督となり、さらに七三年にはハンブルク・バレエ団の芸術監督に就任して、同団で多くの作品を作り続けている。

ノイマイヤーの振付は求心性と緩急を特徴としており、ダンス・デコールの伸びやかに外へ向かう動きに、身体の中心へ引きつけ巻き込む動きを組み合わせることで、登場人物の情念や心理を表現する。また、緩急の使い分けによる緊張感の演出が、とりわけパ・ド・ドゥにおいて顕著である。代表作の《幻想「白鳥の湖」のように》（七六）では、舞台上に築城の現場をしつらえる大掛かりな演出と、作品中でバレエ《白鳥の湖》が上演されるという入れ子の劇構造で、バイエルン王ルードヴィヒ二世の狂気を描き出した。《椿姫》（七八）ではマルグリットとアルマンの誤解とすれ違いによる悲劇を、《オテロ》（八五）では主人公の嫉妬と疑心暗鬼を、それぞれ繊細で周到な演出・振付によって描写した。

イリ・キリアン（Jiří Kylián, 1947–）は、ダンス・デコールの動きにモダンダンスの弾力と粘着力のある動きを融合して、バレエ作品の振付語彙を大きく拡張した振付家である。チェコのプラハに生まれ、英国ロイヤル・バレエ学校在学中にクランコに認められ、六八年にシュツットガルト・バレエ団へ入団した。七三年からオランダのネザーランド・ダンス・シアター（NDT）で振付をするようになり、七八年から九九年まで、同シアターの芸術監督を務めて多くの作品を作った。

キリアンは、バレエに「コントラクション・アンド・リリース」を基本とするグレアム・

テクニック（第8章）を組み入れて、新鮮で魅力的な動きを生み出した。振付の特徴は、四肢が伸びては縮み、アクセントをつけて波打ちながらなめらかな曲線を描き続けることだ。代表作は、シェーンベルクの楽曲による《浄められた夜》（七五）、母国チェコの作曲家ヤナーチェクの楽曲による《シンフォニエッタ》（七八）、武満徹《たけみつとおる》の楽曲による《ドリーム・タイム》（八三）、オーストラリア先住民のアボリジニの文化に取材した《スタンピング・グラウンド》（八三）、モーツァルトの楽曲で性のエクスタシーを美しく描いた《小さな死》（九一）などである。

ウィリアム・フォーサイス（William Forsythe, 1949–）は、ダンス・デコールを習得したダンサーが舞踊の新奇な動きを生成するためのアルゴリズムを考案して、バレエとコンテンポラリーダンスの境界線を消失させた振付家である。ニューヨークに生まれ、七三年、シュットガルト・バレエ団のオーディションを受け、クランコに入団を認められたのだが、入団はクランコの急逝直後だった。八四年にフランクフルト・バレエ団の芸術監督に就任し、二〇〇四まで務めた。

フォーサイスは、ダンサーが身体と空間を幾何学的に把握して、ダンスの動きを際限なく生成できる「アルゴリズミック・ダンス」と呼ばれる手法を開発した。振付の特徴としては、ダンス・デコールの典型的なポーズと動きを使いつつ、ダンス・デコールとは異質な動作、例えば四肢を伸ばし切った直線的な動き、身体の部位をばらばらに使うアイソレーションの動き、重心を極度に傾けるオフバランスの動きが頻出する。代表作は、フランクフルト・バレエ団に振付けた《ステップテクスト》(八四)、《失われた委曲》(八七)、パリ・オペラ座バレエ団の委嘱作《イン・ザ・ミドル・サムホワット・エレヴェイテッド》(八八)、ニューヨーク・シティ・バレエ団の委嘱作《ヘルマン・シュメルマン》(九二)などである。

フォーサイスは、ターンアウトの機能を最大限活用し、ダンス・デコールを拡大解釈した点で、プティパ、バランシンの延長線上に位置している。彼はダンス・デコールの体系を相対化して、バレエに隠されていた制約だらけの構造を暴き出し、それをいったん解体した上で新しい制約を与えて再構築することで、全く新しいバレエを創出してみせた。バランシンがバレエのモダニズムを推し進めたのに対し、フォーサイスはバレエを脱構築し、バレエの「ポストモダニズム」を企てたと評価することができる。

国際的スターダンサーを生んだ空路の整備とメディアの発達

ここからはバレエの国際化と大衆化の進展について説明しよう。二十世紀後半のバレエの国際化と大衆化には、空路の整備とメディアの発達によるスターダンサーの活躍が大きく影響している。

パヴロワの世界巡業は海路だったが（第8章）、やがてスターダンサーたちは国際線旅客機を使って巡業を行うようになった。国境を越えたバレエ団の引っ越し公演も行われ、バレエファンが自国の劇場で海外のスターダンサーの演技を鑑賞できる機会が増えた。また、映画、テレビ、ビデオカセット、デジタルディスクなど、各種メディアの発達は、バレエを映像で鑑賞することを容易にした。テレビのカラー放送開始が五〇年代、家庭用ビデオデッキの発売が七〇年代、DVDプレーヤーの発売が九〇年代である。

このようにして二十世紀後半には、実に多くの世界的なスターダンサーが出現した。以下では、日本でも人気を博したダンサーの中から、ごく限られた名前を挙げておきたい。

ソ連から亡命したダンサーたち

まず六〇～七〇年代には、ソ連から亡命したスターダンサー、ヌレエフ、マカロワ、バリシニコフの三人が、西側諸国のバレエ界に大きな影響を与えた。いずれもキーロフ・バレエ団で活躍してからの亡命である。

ルドルフ・ヌレエフ（Rudolf Nureyev, 1938–1993）は、六一年、キーロフ・バレエ団が巡業公演でパリを訪れた時、空港でKGB（ソ連国家保安委員会）の追跡を逃れてフランスの警察へ駆け込み、ドラマチックな政治亡命を遂げた。バレエの技術のみならず、そのエキゾチックな美貌と舞台上での存在感は傑出しており、世界中のバレエ団にゲスト出演して、バレエ観客数を大幅に増やしたと言われている。八三年から八九年までは、パリ・オペラ座バレエ団に招かれて芸術監督を務めた。

続いて七〇年には、ナタリア・マカロワ（Natalia Makarova, 1940–）が、やはりキーロフ・バレエ団のロンドンでの巡業公演時に亡命した。ヌレエフと同じく世界中のバレエ団に客演し、プティ、ベジャール、アシュトン、マクミランなど主要な振付家の作品を初演するスターとなった。ミュージカル女優としては喜劇の才も発揮し、『オン・ユア・トゥズ』の演技でトニー賞を受賞している。

七四年には、ミハイル・バリシニコフ（Mikhail Baryshnikov, 1948–）が監視の目をかいくぐり、カナダのトロントで亡命に成功した。彼は主にアメリカで活躍し、八〇年から八九年まで、アメリカ最大のバレエ団であるアメリカン・バレエ・シアターのプリンシパル・ダンサー兼芸術監督を務めた。バリシニコフはダンサーとしてのみならず、『愛と喝采の日々』（七七）、『ホワイトナイツ／白夜』（八五）などの映画や、『セックス・アンド・ザ・シティ』（九八〜）などのテレビドラマに人気俳優として出演し、バレエの大衆化に貢献した。

世界的なスターダンサーの輩出

八〇年代には、ヌレエフの率いるパリ・オペラ座バレエ団が世界的スターを次々と生み出した。モニク・ルディエール（Monique Loudières, 1956–）、パトリック・デュポン（Patrick Dupond, 1959–2021）、マリ＝クロード・ピエトラガラ（Marie-Claude Pietragalla, 1963–）、マニュエル・ルグリ（Manuel Legris, 1964–）などである。

その中でもシルヴィ・ギエム（Sylvie Guillem, 1965–）は、百年に一人と言われる逸材で、バレエの美意識を拡張した点で特筆できる。ギエムは八四年、十九歳でエトワールに任命されたが、八九年、英国ロイヤル・バレエ団に移籍して、フランスの国家的損失とまで報道された。彼女は超絶技巧を易々と優雅に披露して、観客が女性ダンサーに求める演技も、女性ダンサーが目指すべき技術も、ギエムの以前と以後で変化したと言われている。

八〇年代後半以降は、ソ連国内の混乱もあって、東側諸国のスターダンサーたちが西側諸国で活躍するケースが増えた。例えば、ロシア生まれのマイヤ・プリセツカヤ（Maya Plisetskaya, 1925–2015）、ウラジーミル・ワシーリエフ（Vladimir Vasiliev, 1940–）、ウズベキスタン生まれのファルフ・ルジマトフ（Farouk Ruzimatov, 1963–）、ジョージア（グルジア）生まれのニーナ・アナニアシヴィリ（Nina Ananiashvili, 1964–）、ウクライナ生まれのウラジーミル・マラーホフ（Vladimir Malakhov, 1968–）などである。

また、偉大な振付家の下には、その作品の精神や美学を舞台上で実現できる傑出したダンサーが存在していた。ベジャールの成功には、アルゼンチン生まれのカリスマ・ダンサー、ジョルジュ・ドン（Jorge Donn, 1947–92）の存在があったし、バランシンには、アメリカ生まれのスザンヌ・ファレル（Suzanne Farrell, 1945–）を初め「バランシン・バレリーナ」と呼ばれる女性スターたちが欠かせなかった。プティにはフランス生まれのジジ・ジャンメール（Zizi Jeanmaire, 1924–2020）、クランコにはブラジル生まれのマルシア・ハイデ（Marcia Haydée, 1937–）、アシュトンにはイギリス生まれのマーゴ・フォンテイン（Margot Fonteyn, 1919–91）、マクミランにはイタリア生まれのアレッサンドラ・フェリ（Alessandra Ferri, 1963–）が、それぞれ彼らの創作に霊感を与えた。

バレエの国際化と大衆化の流れの中で、若い頃にバレエを学び、その後、映画やテレビや音楽で世界的なスターになった女性たちも少なくない。例を挙げれば、映画スターではデボラ・カー、オードリー・ヘップバーン、ブリジット・バルドー、サラ・ジェシカ・パーカー、ペネロペ・クルス、ナタリー・ポートマン、ポピュラー音楽ではマドンナ、スーパーモデルのナオミ・キャンベルなどである。

ロシア・東欧のバレエ団

以上、二十世紀後半のバレエ界について、振付家、ダンサーの順に紹介した。次は、バレエの国際化を示すために、世界の地域ごとに主要なバレエ団を紹介しよう。ロシアと東欧から出発し、次に西欧・北欧、北米・中南米、さらにアフリカ、アジア、オセアニアを巡り、日本を終着地とする。

東西冷戦の時代、興味深いことに、バレエという芸術は「ソフトパワー」として東側でも西側でも発展を続けた。ソ連ではバレエを国家的芸術と認定し、政府が手厚く保護し続け、その影響は東側諸国へ及んだ。一方のアメリカでも、バレエはハイ・カルチャーの代表格として人気を保ち、西欧の資本主義国も、英仏独を初めとして、国家または地方行政が文化予算の多くをバレエへ投入し続けた。

ロシアでは、ソ連時代もソ連解体後も、ペテルブルクのマリインスキー・バレエ団（ソ連時代はキーロフ・バレエ団）とモスクワのボリショイ・バレエ団が双頭である。本章で紹介したスターダンサーのうち、ヌレエフ、マカロワ、バリシニコフ、ルジマトフは前者の、プリセツカヤ、ワシーリエフ、アナニアシヴィリは後者の出身だった。その他、ペテルブルクにあるミハイロフスキー劇場バレエ団（一九三〇＝括弧内の数字は創設年）、エイフマン・バレエ団（七七）、モスクワにあるモスクワ音楽劇場バレエ団（四一）、モスクワ・クラシック・

バレエ団（六六）も、それぞれユニークな作品を上演していて人気が高い。地方都市では、ペルミ、サマーラ、ノボシビルスクなどにバレエ団が存在している。

旧ソ連邦の構成国では、十九世紀からの伝統があるウクライナのキーウ（キエフ）・バレエ団（一八六七）は、ダンサーの技術水準も二大バレエ団に次ぐ高さで、国際的に高く評価されていた。また、ジョージア（グルジア）にも十九世紀に開場したトビリシ国立オペラ・バレエ劇場があり、革命後にジョージア国立バレエ団（一九三五）が常設された。他にも革命後、アゼルバイジャン国立オペラ・バレエ劇場バレエ団（二五）、ベラルーシ国立オペラ・バレエ劇場バレエ団（三三）などが大都市のオペラハウスに常設されている。

冷戦時、旧ソ連の支配的影響下にあった東欧の国々にもバレエは根づいていた。ポーランドには十八世紀末からバレエ団が存在していたが、第二次世界大戦でワルシャワの街は破壊されて活動を中断した。戦後ワルシャワ大劇場が再建され、同劇場の常設バレエ団がポーランド国立バレエ団（六五）となった。チェコにも、古くからプラハの国立歌劇場にチェコ国立バレエ団（一八八三）が存在していた。ハンガリー、ブルガリア、ルーマニアにもそれぞれ国立バレエ団が存在している。

西欧・北欧のバレエ団

イギリスでは、ド・ヴァロワのバレエ団が五六年にロイヤル・バレエ団となり、アシュトン、マクミランの下で世界最高水準のバレエ団へと成長した。ここまでで名前を挙げたフォンテイン、フェリ、ギエム、さらに熊川哲也《くまかわてつや》（1972–）、吉田都《よしだみやこ》（1965–）がプリンシパル（最高位ダンサー）を務めたバレエ団である。またロンドン・フェスティバル・バレエ団（一九五〇）がイングリッシュ・ナショナル・バレエ団（八九）と改称し、ロンドン第二の人気バレエ団となった。地方都市では、ド・ヴァロワの作ったもう一つのバレエ団がバーミンガム・ロイヤル・バレエ団（九〇）となった。他にリーズを拠点とするノーザン・バレエ団（六九）、グラスゴーを拠点とするスコティッシュ・バレエ団（六九）が存在している。

フランスでは、リファール、ヌレエフの功績で、パリ・オペラ座バレエ団が世界のバレエ界における中心的地位を回復した。同団が世界的スターダンサーの供給源となったことは、前述の通りである。他にも、十八世紀にドーベルヴァルがバレエマスターを務めた伝統のあるボルドー・オペラ座バレエ団、プティが創設して二十六年間芸術監督を務めたマルセイユ・バレエ団（七二）、リヨン・オペラ座バレエ団（六九）などがある。

また、南フランスに接するモナコ公国のモンテカルロ・バレエ団（八五）は、二十世紀末からユニークなレパートリーで存在感を示すようになった。

ドイツは、四八年以降、東西二つの国家に分裂し、東ドイツのベルリンにはソ連の影響の強いバレエ団が存在していた。一方、西ドイツには連邦州ごとに伝統ある劇場が存在し、それぞれに新しいバレエ団が創設された。フォーサイスが率いたフランクフルト・バレエ団（四八。二〇〇四年に活動停止）、クランコが立ち上げたシュツットガルト・バレエ団（六一）、ノイマイヤーが芸術監督を務めるハンブルク・バレエ団（七三）、ミュンヘンのバイエルン国立バレエ団（八八）などである。九〇年、東西ドイツの国家統一が実現し、二〇〇四年、ベルリンを拠点とする三つのバレエ団が統合されて、ベルリン国立バレエ団が誕生した。

イタリアでは、ミラノ・スカラ座バレエ団（一七七八）がバレエ界の中心となっている。五〇～六〇年代には、ミラノ生まれのカルラ・フラッチ（Carla Fracci, 1936–2021）がプリンシパルとして活躍し、世界中のバレエ団に客演して「タリオーニの再来」と評された。また、同じくミラノ生まれのフェリ（前述）はミラノ・スカラ座バレエ学校出身で、八〇年代以降、英国ロイヤル・バレエ団およびアメリカン・バレエ・シアターで活躍した。ローマ歌劇場には、二八年にバレエ学校が付設され、これがローマ歌劇場バレエ団となった。

オーストリアのバレエの伝統は十八世紀まで遡れるが、第二次世界大戦時、バレエ界の中心地であったウィーン国立歌劇場が破壊されてしまう。同劇場の再建にあたってウィーン国立歌劇場バレエ団（五五）が誕生し、同団は二十一世紀に入ってウィーン・フォルクスオーパー・バレエ団と合併し、ウィーン国立バレエ団（二〇一〇）となった。

オランダでは、アムステルダムでネザーランド・バレエ団（五八）が結成され、これがアムステルダム・バレエ団と合併してオランダ国立バレエ団（六一）となった。一方、ネザーランド・バレエ団を退団したダンサーたちがデン・ハーグで結成したのが、キリアンが芸術監督を務めたネザーランド・ダンス・シアター（五九）である。

北欧のデンマークとスウェーデンには、宮廷バレエの時代からバレエ団が存在していた。デンマーク・ロイヤル・バレエ団（一七七一）は、十九世紀以降ブルノンヴィル・メソッドの教育を続け、ブルノンヴィルの振付作品を大事に上演し続けている。スウェーデンにはグスタフ三世の時代に創設したスウェーデン・ロイヤル・バレエ団（一七七三）があり、二十世紀半ばの一時期はチューダーが芸術監督を務めていた。フィンランド、ノルウェーには、二十世紀にそれぞれ国立バレエ団が誕生している。

北米・中南米のバレエ団

アメリカでは、一九四〇年に旗揚げしたバレエ・シアターが五七年にアメリカン・バレエ・シアター（ABT）と改称し、同国最大のバレエ団へと成長した。七七年からニューヨークのメトロポリタン歌劇場の常設となり、世界中からスターダンサーが集まる人気バレエ団となった。ニューヨーク・シティ・バレエ団も成長を続け、バランシンとジェローム・ロビンズ（Jerome Robbins, 1918–98）の作品を大事なレパートリーとして上演し続けている。

西海岸では、ABTより長い伝統を誇るサンフランシスコ・バレエ団（三三）が最大規模のバレエ団となった。六〇年代、ボストン・バレエ団（六三）、ジョフリー・バレエ団（六五、シカゴ）、ヒューストン・バレエ団（六八）など、大都市に続々と民間のバレエ団が創設され、七〇年代以降も、パシフィック・ノースウェスト・バレエ団（七二、シアトル）、マイアミ・シティ・バレエ団（八六）など、全国で五十を超えるバレエ団が誕生した。

カナダでは、英語圏のトロントを拠点とするカナダ国立バレエ団（五一）が国内最大規模で、それに次ぐバレエ団が、フランス語圏のモントリオールを拠点とするレ・グラン・バレエ・カナディアン（五二）だった。この二つにロイヤル・ウィニペグ・バレエ団（三九）を加えた三大バレエ団が、同国のバレエ界を支えている。

中米のキューバでは、バレエ・シアター（ABTの前身）で活躍したハバナ生まれのスター、アリシア・アロンソ（Alicia Alonso, 1920–2019）が、四八年に自らのバレエ団を結成し、これが五五年にキューバ・バレエ団と改称した。五九年の社会主義革命後、同団はキューバ国立バレエ団となり、世界から注目される大バレエ団に発展した。

南米のアルゼンチンでは、十九世紀半ば、ブエノスアイレスにコロン劇場（テアトロ・コロン）が開場し、ヨーロッパの古典バレエが上演されるようになった。一九〇八年、新しいコロン劇場が落成し、そのとき発足した常設の小さなバレエ団が、やがてコロン劇場バレエ団となった。コロン劇場は、ミラノ・スカラ座、パリ・オペラ座と並ぶ世界三大劇場に数えられており、一〇年代にはディアギレフのバレエ・リュスやパヴロワのカンパニーが公演を行い、二〇～四〇年代には、ニジンスカ、フォーキン、リファール、バランシンらが振付家として招聘されている。劇場付属のバレエ学校は、ドンを初めとする世界的なダンサーが輩出している。

南米ではほかに、ウルグアイ国立バレエ団（三五）、チリ国立バレエ団（四五）が創設されている。

アフリカ、アジア、オセアニアのバレエ団

アフリカは地球の陸地の二〇％を占め、五十を超える国があるが、他の地域と比較してバレエは一部の国にしか普及していない。

南アフリカ共和国は、英連邦に属していたためイギリスの文化的影響が強く、一九四〇年代に民間のバレエ団がいくつか誕生したが、いずれも短命に終わった。その後政府の援助でPACTバレエ団（六三）が誕生し、長く同国を代表するバレエ団として活動したが、財政

難で政府の援助が打ち切られ、二〇〇〇年に解散した。一方、クランコが一時所属していたCAPABバレエ団（三四、当初はUTCバレエ団）は、PACTと同じく政府の援助が打ち切られたものの、ケープタウン・シティ・バレエ団（九七）として再出発している。

エジプトには、ソ連の援助で中東最初のクラシック・バレエ団、カイロ国立歌劇場バレエ団（六六）が誕生した。しかし、七一年に本拠地のオペラハウスが火災で全焼し、またエジプトとソ連の関係悪化によりバレエ団は低迷した。八八年、日本の無償援助により新しいオペラハウスが完成し、バレエ団も復活を遂げている。

アジアでは、バレエは中央アジアと東アジアに普及したが、西アジア、南アジアには、いまだ劇場芸術として十分に普及していない。

中央アジアの国々のうち、かつてソ連邦に属していた地域には、二十世紀前半にバレエ団が誕生し、今も活動を続けている。ウズベキスタン国立ナヴォイ歌劇場バレエ団（二九）、カザフスタン国立アベイ歌劇場バレエ団（三四）などである。モンゴルでも、ソ連の影響でバレエの上演が始まり、モンゴル国立オペラ・バレエ・アカデミック劇場に常設のバレエ団（六三）が誕生した。

中国にも、四九年の中華人民共和国建国後、ソ連の導きでバレエが根付いた。北京に誕生した中国国立バレエ団（五九）は、今も最大規模のバレエ団である。しかし、六〇年代になると中ソ関係は悪化し、六六年に文化大革命が始まると、バレエは批判対象となった。一方で毛沢東の妻・江青は、この時期に「革命模範劇」としてバレエ作品《紅色娘子軍》と《白毛女》を制作している。七〇年代、北京以外の大都市に、広州バレエ団（七四）、上海バレエ団（七九）、香港バレエ団（七九。香港は九九年までイギリス領）が次々と誕生して、大規模なバレエ団へ成長した。

韓国では、ソウルの韓国国立劇場を拠点とする韓国国立バレエ団（六二）が誕生した。一方、民間初のバレエ団は、統一教会の文鮮明がソウルに創設したユニバーサル・バレエ団（八四）である。その後ソウルのバレエ界には、創作バレエに力を入れる民間バレエ団、ソウル・バレエ・シアター（九五）も加わっている。

オーストラリアでは、一九世紀半ばから大都市で古典全幕バレエが上演されていたが、一般にバレエへの関心が高まったのは、一九二六・二七年のパヴロワ来豪がきっかけだった。三〇年代以降、オーストラリアに優れたダンサーや教師が定住し、いくつかの民間のバレエ団が誕生する。戦後、メルボルンを拠点とするオーストラリア・バレエ団（六二）が政府から支援を受ける実質的な国立バレエ団となった。同団に加えて、クイーンズランド・バレエ団（三七）、ウエスト・オーストラリア・バレエ団（五二）が三大バレエ団である。英連邦を構成する同国はイギリスのバレエ界と関係が深く、アシュトン、マクミランなどイギリスの優れた振付家の作品を早くからレパートリーとしている。

同じく英連邦のニュージーランドには、小規模なバレエ団としてニュージーランド・バレエ（五三）が誕生し、これがニュージーランド・ロイヤル・バレエ団（八四）となった。

日本のバレエ団

最後は極東の国、日本のバレエ界について。

一九四六年、敗戦の翌年に、既存の小バレエ団が合同して東京バレエ団が結成された。同バレエ団に集まったのは、第8章で紹介したエリアナ・パヴロワ、オリガ・サファイアの下で学んだダンサーたちで、服部智恵子、松尾明美、貝谷八百子、東勇作、小牧正英、島田廣らである。旗揚げ公演の《白鳥の湖》全幕は大成功だった。しかし、このバレエ団は内紛で五〇年に解散し、同団の参加者とその弟子たちを中心に次々とバレエ団が設立された。

以後半世紀、日本のバレエ界は民間のバレエ団が支えてゆく。例えば、松山バレエ団（四八）、谷桃子バレエ団（四九）、牧阿佐美《まきあさみ》バレエ団（五六、当初は橘秋子バレエ団）、チャイコフスキー記念東京バレエ団（六四）などは、現在も精力的に公演活動を続けている。

九七年、東京に新国立劇場が開場し、初めて国立を名前に冠する新国立劇場バレエ団が誕生した。初代芸術監督は島田廣が務めた。さらに熊川哲也を芸術監督とするKバレエカンパニー（九九）の創設により、日本のバレエ界はいっそうの活況を呈することとなった。

日本は、地方にも民間のバレエ団が数多く存在し、東京では海外バレエ団の来日公演が頻繁に開催され、全国的に女性の習い事としてバレエが定着している。筆者が参加して全国約四千五百のバレエ教室・バレエ教育機関を対象に実施した「バレエ教育に関する全国調査」の結果では、二〇一一年の日本のバレエ学習者総数は推定四十万人であった。十年後の二一年の調査では、残念ながらコロナ禍の影響等で推定二十六万人に減少しているが、日本が今もバレエ大国であることに変わりはない。

第10章　バレエ界の最前線

——テクノロジーと社会正義

二十一世紀序盤の世界

本章では、現在活躍中のバレエ振付家を紹介してから、今世紀の世界のバレエ界の話題をいくつか取り上げて、およそ六百年間たどったバレエ史の締め括りとしたい。

二十一世紀初めの二十年間は、地球規模の情報化（デジタル化・ネットワーク化）が急速に進む中で、アメリカを中心とするグローバリズムの時代から、米中が二大国として対立する新時代へと移行した。持続可能な社会を目指した国際協力が模索される一方で、国家間、民族間、宗教間の相克・反目によるテロと地域紛争は止まなかった。

経済においては、冷戦の終結後、情報産業の発達を背景としてアメリカがしばらく唯一の超大国となり、ＧＡＦＡに代表される巨大ＩＴ企業（ビッグ・テック）の支配的影響力が強まった。しかし二〇〇八年「リーマン・ショック」が起こり、世界的な金融危機となった。

一方、中国は社会主義市場経済を掲げて急速な経済成長を遂げ、巨大IT企業も育ち、一〇年、GDPが日本を抜いて世界第二位となった。一九年末からの新型コロナウイルス感染症の流行は、世界経済に深刻な影響を与えた。

政治においては、反米感情を背景として、〇一年、「九・一一アメリカ同時多発テロ」が発生した。アメリカはアフガニスタン侵攻（〇一）、イラク戦争（〇三）を遂行し、「ユニラテラリズム」の傾向を強めた。中国は一七年から「一帯一路」政策を掲げて、アジア・ヨーロッパ・アフリカの多数の国家と経済・政治的な関係を強めた。アメリカと中国は、一八年からの貿易摩擦に加え、台湾、香港、新疆ウイグル自治区、南シナ海などの問題を巡って対立を深めている。一方、九二年に発足したヨーロッパ連合（EU）は、〇四年に東欧など十カ国が加盟し、さらに〇七年にブルガリアとルーマニア、一三年にクロアチアが加盟した。二〇年にイギリスが離脱して、現在は二十七カ国で構成されている。

文化的には、本格的なデジタル・ネットワーク化の時代が到来し、人工知能（AI）の技術が社会に浸透しつつある。二十一世紀の交通・物流システムは、ICTを駆使したギグエコノミーとリモートワークの普及、AIを搭載した無人運転車やドローンの一般化、物品・装置がネットに接続して通信し合うIoT（モノのインターネット）の進展で、大きく変わりつつある。記録・通信システム（メディア）では、フェイスブック（〇四）、ユーチューブ

（〇五）、ツイッター（〇六）などのソーシャルメディアが登場し、スマートフォンとタブレットPCが普及し、さらに新しい情報サービスが次々と生み出され続けている。

五人のバレエ振付家

前章で紹介した振付家よりも後の世代から、影響力が強く、現在も創作を続けている振付家を五人選んで紹介する。生年順に、ドゥアト、ラトマンスキー、マクレガー、ウィールドン、エクマンである（表10－1）。

ナチョ・ドゥアト（Nacho Duato, 1957–）は、キリアンらの拡張した振付語彙を活用し、さらに独創的な動きを加えて、バレエの芸術的表現力を刷新している振付家である。スペインに生まれ、ベジャールが創設した舞踊学校で学び、一九八一年、キリアンが芸術監督を務めるネザーランド・ダンス・シアター（NDT）に入団した。八八年にNDTの常任振付家となり、二〇一一～一四年および一九年以降は、ペテルブルクのミハイロフスキー劇場バレエ団で芸術監督を務めている。代表作は、アマゾンの森林を題材とした《ナ・フローレスタ》（九〇）、スペインの伝説を主題とした《ドゥエンデ》（九一）、ミハイロフスキー劇場バレエ団に振付けた《眠れる森の美女》（一一）、《ラ・バヤデール》（一九）などだ。振付の特徴としては、個性的な腕の造形、波打ち流れる動きの強調、オフバランスやフロアワークの活用

表10－1　21世紀に活躍中のバレエ振付家５人

名前	活躍する主なバレエ団	物語性
ナチョ・ドゥアト（1957-、スペイン）	ミハイロフスキー劇場バレエ団	弱～強
アレクセイ・ラトマンスキー（1968-、露）	アメリカン・バレエ・シアター（ABT）	強
ウェイン・マクレガー（1970-、英）	英国ロイヤル・バレエ団	弱
クリストファー・ウィールドン（1973-、英）	英国ロイヤル・バレエ団	強
アレクサンデル・エクマン（1984-、スウェーデン）	スウェーデン・ロイヤル・バレエ団	弱～強

を挙げることができる。古典全幕作品の改訂では、伝統的な振付を引用しつつ、そこに細かい動きとポーズを豊富に追加して、時代の最先端を感じさせる作品を作り上げている。

アレクセイ・ラトマンスキー（Alexei Ratmansky, 1968-）は、冷戦の終結後にロシアと欧米を股にかけて活躍し、古典的な物語バレエの改訂・復元上演で才能を発揮している振付家である。ペテルブルクに生まれ、モスクワのボリショイ・バレエ学校で学び、八六年、ウクライナのキエフ（キーウ）・バレエ団に入団した。その後、カナダのロイヤル・ウィニペグ・バレエ団、デンマーク・ロイヤル・バレエ団でダンサーとして活躍し、二〇〇四～〇八年にボリショイ・バレエ団芸術監督を務めた。〇九年からはＡＢＴの常任アーティストを務めている。代表作は、ソ連時代のロプホーフの作品を復元した《明るい小川》（〇三）と《ボルト》（〇五）、ワイノーネン振付《パリの炎》の改訂版（〇八）、パリ・オペラ座バレエ団に振付けた《プシケ》（一一）、バイエルン国立バレエ団に振付けた《パキータ》復元版（一四）などである。

ウェイン・マクレガー（Wayne McGregor, 1970–）は、フォーサイスと同様に舞踊動作を際限なく創出するアルゴリズムを考案し、科学的なリサーチを作品に反映させて前衛的なバレエ作品を創作し続けている振付家である。イギリス北西部に生まれ、一九九二年に自らのダンス・カンパニーを設立して活動し、二〇〇六年、英国ロイヤル・バレエ団の常任振付家となった。同団のみならず、パリ・オペラ座バレエ団、ABT、ボリショイ・バレエ団など、世界の主要バレエ団から新作の振付を委嘱されている。ロイヤル・バレエ団に振付けた代表作は、身体動作の強度を極限まで追求した《クロマ》（〇六）、都会生活の深層をマックス・リヒターの音楽で描いた《インフラ》（〇八）、ヴァージニア・ウルフの作品と人生を全幕作品に仕立てた《ウルフ・ワークス》（一五）、『神曲』を題材とし、トマス・アデスが音楽を担当した《ダンテ・プロジェクト》（二一）などである。振付の特徴としては、振付語彙が非常に豊富なこと、動きをためて四肢を極度に歪める造形が頻出すること、ダンサーの身体能力を限界まで引き出す振付が得意なことなどを挙げることができる。演劇、映画、テレビでも活動しており、映画『ハリー・ポッターと炎のゴブレット』と「ファンタスティック・ビースト」シリーズの振付を担当している。

クリストファー・ウィールドン（Christopher Wheeldon, 1973–）は、演劇性が強く、仕掛けの多い長尺な新作物語バレエの制作において才能を発揮している振付家である。イギリス南西部に生まれ、ロイヤル・バレエ学校で学び、九一年、ロイヤル・バレエ団に入団するが、九三年にニューヨーク・シティ・バレエ団へ移籍した。二〇〇一年にニューヨーク・シティ・バレエ団の常任振付家になり、一二年、ロイヤル・バレエ団の芸術参与に任命された。代表作は、マイケル・ナイマンの音楽を用い、旅をテーマとした《DGV》（〇六）、ルイス・キャロルの児童文学を原作とした《不思議の国のアリス》（一一）、シェイクスピアの戯曲を原作とした《冬物語》（一四）など。ウィールドンの振付は、クラシック・バレエにさまざまなタイプの踊りを融合し、変化に富んで観客を飽きさせない。ブロードウェイ・ミュージカル『パリのアメリカ人』（一五）で振付を担当し、トニー賞最優秀振付賞を受賞している。

アレクサンデル・エクマン（Alexander Ekman, 1984-）は、自由奔放で機知に富んだ振付と、大掛かりで奇抜な演出が高い評価を受けている振付家である。ストックホルムに生まれ、スウェーデン・ロイヤル・バレエ学校で学び、二〇〇〇年、スウェーデン・ロイヤル・バレエ団に入団した。その後、オランダのNDT、スウェーデンのクルベリ・バレエ団でダンサーとして活動した後、二十一歳の時に振付家として独立した。代表作は、NDTに振付けた《カクタイ》（一〇）、ノルウェー国立バレエ団に振付けた《ある白鳥の湖》（一四）、スウェーデン・ロイヤル・バレエ団に振付けた《真夏の夜の夢》（一五）、パリ・オペラ座バレエ団に振付けた《プレイ》（一七）など。《ある白鳥の湖》では六千リットルの水で舞台上に湖を作り、《真夏の夜の夢》ではベッドが浮遊して巨大な魚が行き交うシュールな情景を舞踊化し、《プレイ》では六万個の緑のボールが舞台に降り積もる演出で観客を驚かせた。エクマンの作品ではバレエとコンテンポラリーダンスの区別も、演劇と舞踊の区別もなく、彼の変幻自在の振付・演出が世界を魅了している。

デジタルテクノロジーの導入

次に二十一世紀序盤の世界のバレエ界の話題として、①デジタルテクノロジーによる創作・上演技法の高度化、②ソーシャルメディアの浸透によるバレエを巡る環境の変化、③社会正義に対するバレエ界の意識の高まりについて述べる。

まずデジタルテクノロジーは、一九八〇年代にパーソナルコンピュータ（パソコン）が普及した。バレエにおけるパソコンの先駆的な使用例としては、フォーサイスが、動きを生成するアルゴリズムをダンサーが学ぶためのパソコン向けソフトウェアを制作している（九五）。九〇年代末からは、モーションキャプチャという装置を用いて、ダンサーの動きを三次元デジタルデータとして測定・記録できるようになった。筆者らの研究グループは、バレエの振付を三次元デジタルデータから自動・半自動で生成する実験を行った。

劇場の設備としてのデジタルテクノロジーは、上演において不可欠なものとなってゆく。舞台照明では、八〇年代からデジタル式照明調光卓の導入が始まった。床機構、吊物機構などの舞台装置、アンプ、ミキサー、スピーカーなどの音響装置も、デジタル制御が進んだ。照明、音響を複雑に変化させる演出は、事前のプログラミングで実現するようになった。上演時の視覚的効果としては、ムービングライト、フラッシュ、レーザーを用いる作品、ビデオプロジェクターで画像・映像の映写をする作品も増えた。コンピュータグラフィクスを効果的に用いた作品や、ホログラフィーで仮想的なダンサーが舞台上で踊る作品も登場した。近年では、高度化したプロジェクションマッピングの技法も広く導入されている。

ソーシャルメディアの浸透

ソーシャルメディアも、バレエを巡る環境に大きな影響を与えた。ソーシャルメディアとは、インターネットを利用して、誰でも容易に情報交換、意見発信ができるデジタルコミュニケーションツールである。その代表格はフェイスブック、ツイッター、インスタグラムなどのSNSであり、SNS以外にもユーチューブのような動画配信・共有サービスや、ブログ、ウェブ掲示板、クチコミ・レビューサイトなど多種多様である。ソーシャルメディアの浸透は、バレエ鑑賞のスタイルと、バレエ団・バレエダンサーの情報発信の様相を変化させた。

劇場ではなく映像によるバレエ鑑賞は二十世紀から始まっていたが、二〇一〇年代になると、ユーチューブなどの動画配信・共有サービスのサイトにプロ・アマ問わず膨大なバレエの映像が蓄積されるようになり、検索すれば誰でもたやすくバレエを視聴できる時代となった。断片的、部分的な映像が圧倒的に多いが、一つの作品を通して見られる映像も少なからず公開されており、既に亡くなったダンサー、引退したダンサーの演技を見ることも可能になった。

一四年からは毎年十月に、ソーシャルメディアを活用して「世界バレエの日」(World Ballet Day)が開催されている。これは世界中のバレエ団、バレエ関連団体が協力・連携し、それぞれのタイムゾーンで、レッスンやリハーサルの風景、舞台裏の映像をライブ配信するイベントである。時差のおかげで、バレエファンはユーチューブのチャンネルや各バレエ団の公式フェイスブックページから、バレエを丸一日連続して楽しむことができる。参加団体は次第に増え、二一年には五十一団体が参加した(表10−2)。

放送メディア(テレビ)、録画メディア(DVD・BD)も、二十一世紀に入ってますます選択肢が増える傾向にあり、そこにソーシャルメディアが加わった。二〇年からのコロナ禍

表10－2　2021年「世界バレエの日」参加団体

地域	団体名
ロシア	ウラル・バレエ団、ペルミ・バレエ団、ボリショイ・バレエ団、マリインスキー・バレエ団、ミハイロフスキー劇場バレエ団
ヨーロッパ	ウィーン国立バレエ団、エストニア国立バレエ団、オランダ国立バレエ団、シュツットガルト・バレエ団、デンマーク・ロイヤル・バレエ団、ノルウェー国立バレエ団、バイエルン国立バレエ団、パリ・オペラ座バレエ団、バルセロナ・バレエ団、フィンランド国立バレエ団、ブルガリア国立歌劇場バレエ団、ベルリン国立バレエ団、ポーランド国立バレエ団、ミラノ・スカラ座バレエ団
イギリス	イングリッシュ・ナショナル・バレエ団、英国ロイヤル・バレエ団、スコティッシュ・バレエ団、大英舞踊教師協会(ISTD)、ノーザン・バレエ団、バーミンガム・ロイヤル・バレエ団、ロイヤル・アカデミー・オヴ・ダンス(RAD)
北アメリカ	アコスタ・ダンサ、アメリカン・バレエ・シアター、アルヴィン・エイリー・アメリカン・ダンス・シアター、キューバ国立バレエ団、バレエX、ヒューストン・バレエ団、プエルトリコ国立バレエ団、ボストン・バレエ団、モンテレイ・バレエ団、レ・グラン・バレエ・カナディアン
南アメリカ	サンパウロ・ダンス・カンパニー
アフリカ	ケープ・タウン・シティ・バレエ団、ヨハネスブルク・バレエ団
アジア	韓国国立バレエ団、クラウド・ゲート・ダンス・シアター、シンガポール・ダンス・シアター、バンコク・シティ・バレエ団、香港バレエ団、ユニバーサル・バレエ団
オセアニア	オーストラリア・バレエ団、クイーンズランド・バレエ団、西オーストラリア・バレエ団、バンガラ・ダンス・シアター、ロイヤル・ニュージーランド・バレエ団
日本	新国立劇場バレエ団

（注）地域の順番は第９章の記述とほぼ同じ。団体名の配列は、地域ごとに読みの五十音順。

では、感染拡大防止のために多くの劇場が一時閉鎖に追い込まれる中、バレエ公演の有料・無料の動画配信が積極的に行われるようになった。劇場からの生中継または録画を映画館で上映する「ライブビューイング／ディレイビューイング」という興行も広まり、バレエ鑑賞のスタイルはますます多様化している。ただし、バレエの真の迫力は、生身のダンサーが目の前の舞台で踊る姿を見なければ味わえないことは念のため申し添えたい。

バレエ団・バレエダンサーも、ソーシャルメディアを積極的に使うようになった。現在ではウェブページを開設していないバレエ団はほとんどないし、ソーシャルメディアを使った公演の告知・案内、日常的な広報活動・情報提供も一般化した。バレエダンサー個人がソーシャルメディアを駆使して情報を届けることも珍しくなくなった。中には数十万のフォロワー数で話題になるダンサー、登録者数が五十万を超えるユーチューバーとなったダンサーも登場している。

社会正義に対する意識の高まり

バレエ界の社会正義に対する意識の高まりは、ソーシャルメディアの普及により、多様な意見・主張が可視化されやすくなったことを背景としている。

二〇一三年、アメリカのフロリダで黒人少年が元警官に射殺された事件が起き、SNS上に#BlackLivesMatter（黒人の命は大切）というハッシュタグが拡散した。翌一四年もニューヨークとミズーリで黒人が白人警察官の暴力で死亡する事件が起き、黒人に対する構造的な差別の撤廃を訴える社会活動が「BLM運動」として世界的に知られることになった。

バレエ界においても、古典全幕作品に残っていた民族・人種に対する差別的・蔑視的表現、ステレオタイプな演出を排除する動きが発生した。一八年、ニューヨーク・シティ・バレエ団はバランシン版《くるみ割り人形》の上演にあたり、中国人に対するステレオタイプを感じさせる衣装、振付を修正して話題となった。二〇年、英国ロイヤル・バレエ団、スコティッシュ・バレエ団も、アラビアと中国に対するステレオタイプ的な演出を変えるために、《くるみ割り人形》の衣装、振付を変更した。二一年、ベルリン国立バレエ団は、演出が差別的であるという理由で《くるみ割り人形》の上演を中止した。一九年には、《ラ・バヤデール》で白人がブラック・フェイス（黒塗りの顔）でインド人を演じることを、ABTのアフリカ系ダンサーが批判して議論を呼んだ。かつて「ジプシー」と呼ばれて差別されたロマ民族が登場する《ドン・キホーテ》なども、議論の俎上《そじょう》に載っている。

バレエの古典作品には、民族・人種のみでなく、身分差別、ジェンダー差別、障がい者差別が散見されるし、禿頭、低身長、精神遅滞を揶揄する演出も見受けられる。このような差別的・蔑視的表現は、文学、演劇、オペラなどの古典作品にも多数存在している。現代では不適切となった表現・演出を、古典作品からどこまで排除すべきなのか、どこまで許容してよいのかの判断は容易ではない。原作を尊重するならば、創作当時または作品が描く時代の状況を説明し、差別的な表現の存在を事前に予告して上演する配慮も必要であろう。

一七年からは、セクシャルハラスメントや性的暴行を告発するSNS上のメッセージに#MeToo（私も）というハッシュタグが用いられるようになり、世界的に拡散した。一八年、アメリカの大バレエ団の芸術監督がセクシャルハラスメントとパワーハラスメントで告発され、二〇年、イギリスでも大バレエ団の有名振付家がセクシャルハラスメントを理由に解雇されて、バレエ界に激震が走った。

バレエは、十八世紀のオペラ・バレエの時代から、近代西欧の植民地主義的エキゾチシズムを内包しており、その傾向は十九世紀のロマンティック・バレエ、クラシック・バレエへそのまま継承されている。また、十九世紀には主要な観客層がブルジョワジーの男性となって、バレエは彼らの嗜好を意識して創作された。バレエの古典全幕作品には、近代西欧の白人至上主義と男性優位主義という二重に差別的な視線が潜伏している。二十世紀になってバレエの主題の幅は大きく広がったが、それでも民族・人種の意識、ジェンダーの意識は、バレエという芸術の総体に関わる問題として十分な吟味と議論が必要である。

バレエは約六百年の歴史を経て、地理的、社会的、芸術的に大きく広がった。地理的には、イタリアのローカルな舞踊がフランスで育ち、ロシアで成熟して、世界の国々へ伝播していった。社会的には、かつて西欧の王侯・貴族、あるいはブルジョワジーのための舞踊であったバレエが、いまや身分、民族、宗教、政治体制と関係なく、誰でも鑑賞・参加できる開かれた舞踊へと変貌した。芸術的には、かつて神話や伝説に限られていた内容が、具象・抽象、あらゆる主題を表現するようになり、数々の天才的な振付家たちの努力で芸術的表現を深化・高度化させて現在に至っている。

これからもバレエという芸術は挑戦と革新を続け、自らの地平を広げてゆくに違いない。

終章　バレエの美を支えるもの

三重のモダニズム

「モダニズム」について改めて考えてみよう。モダニズムは、広義には「伝統社会の社会的・文化的な規範や制約からの脱却を指向する立場ないし運動」のことで、「近代主義」とも訳される。このモダニズムは、十六世紀頃の西欧を起点とする「近代化」の原動力であり、例えば、経済領域における産業化と資本主義化、政治領域における国民国家の成立と民主化、文化領域における合理主義の優位と科学信仰、法領域における人権・人格の尊重などは、いずれも広義のモダニズムがもたらした世界的な変化である。社会学者マリオン・リーヴィが近代化を「普遍的な社会的溶剤」と呼称した通り、近代西欧の制度と論理は、地球上のほとんどの地域に伝播し、支配的な力を発揮している。

一方、文化史・芸術史では、十九世紀末から二十世紀前半にかけて美術、音楽、文学等で展開した「伝統主義やリアリズムを排して内容、形式、手法を刷新する運動」のことを〝狭義の〟モダニズムとして指す場合が多い。しかし、本書では上述の〝広義の〟モダニズムがバレエの本質的特徴であることを指摘したい。

バレエには三重のモダニズムを確認することができる。第一に、近代西欧で様式を整えたという歴史的な出自それ自体に、モダニズムが刻印されている。すなわち、バレエは近代西欧の芸術として必然的にモダニズムの傘下で発展し、近代西欧の制度と論理が次第に非西欧諸国を支配してゆく過程（例えば資本主義、民主主義、科学信仰、人権思想が浸透する過程）で非西欧圏に認知され、普及していった。バレエの国際化は近代化のプロセスと歩調を合わせている。

第二に、本書で何度も言及したバレエに宿る「自己変革の力」、すなわち常に自らを創造的に革新する意思は、モダニズムに内在するモーメントである。序章でバレエ史の概要を示した通り（表序－1）、バレエは何度も大きく姿を変えてきた。とりわけ十八世紀後半の演劇的なパントマイム・バレエの試行錯誤（第5章）、十九世紀前半のロマンティック・バレエの登場（第6章）、十九世紀後半のクラシック・バレエの確立（第7章）、二十世紀初めのバレエ・リュスの改革（第8章）は、大きな飛躍だったと言ってよい。

ダンス・デコールの合理性

第三に、バレエは、その舞踊技術が合理主義に貫かれていたという点でもモダニズムが刻印されている。序章では、バレエを「西欧で確立したダンス・デコールと呼ばれる舞踊技法を軸とする芸術志向の強いダンス」と定義した。ダンス・デコールは、動作の体系化という点でも、動作の効率化という点でも、たいへん合理的な舞踊技法である。

まず動作の体系化に関しては、序章でも述べた通り、足の位置や身体の方向を整理し、膨大な数のポーズとステップに名称を与え、抽象的かつ機能的な動作体系ができあがっている。

一つだけ例を挙げてみよう。古典全幕作品で女性主役が披露する超絶技巧に、「グラン・フェッテ」と呼ばれる連続回転技がある（第7章）。この回転技の正式名は、「グラン・フェッテ・ロン・ド・ジャンブ・アン・レール・アン・トゥールナン・アン・ドゥオール」である。これは、「グラン」＝「大きく」、「フェッテ」＝「脚を鞭打つような動き」、「ロン・ド・ジャンブ」＝「脚で円を描く動き」、「アン・レール」＝「空中で」、「アン・トゥールナン」＝「回転しながら」、「アン・ドゥオール」＝「脚を開く方向へ」というフランス語の組み合わせであり、「脚を開く方向へ回転しながら、脚を空中で大きく鞭打つようにして円を描く動き」を示している。動作体系が合理的だから可能な命名法である。

動作の効率化に関しても、ダンス・デコールは身体の効率的な運用技法として汎用性が高く、ほかのジャンルのダンスでも標準フォーマットとして利用されている。序章ではそれを「メタ・ダンス」と表現した。汎用性が高い理由は、ターンアウトという足のポジションを基点にして、身体を全方位に素早く移動および跳躍させる技法、さらに身体を左右のどちらへも回転させる技法として洗練を極めているからである。

バレエは西欧の近代化とともに発達し、その技術は徹底した合理主義に貫かれている。現在、バレエが世界に普及している背後には、このような「三重のモダニズムの力」が働いているのである。

ダンス・デコールに由来するバレエの美

本書の最後に、バレエの特殊な美しさがダンス・デコールの合理性に由来していることを改めて説明したい。

ダンス・デコールの美の核心は、動作の徹底的な効率化がもたらした「優雅さ」である。そもそもダンス・デコールは西欧の王侯・貴族の宮廷マナーが起源であり、上品で優美な姿勢・動作を保つための技術として、ボーシャンの時代に成立した（第3章）。ダンス・デコールは、当初から優雅さを表現するためのテクニックだったのであり、それがロマンティック・バレエ期に厳しい訓練と身体改造を必要とする技法に洗練され（第6章）、それを受け継いだプティパは、ダンス・デコールで鍛えられたバレエダンサーの身体が最大限美しく見えるような振付を作り続けたのである（第7章）。

バレエにおける優雅さとは何だろうか。優雅であるためには、身体すべてを思うままに動かせなければならない。どこへでも、無駄なく、素早く、滑らかに動けなければならない。優雅であるためには、自然でなければならない。どんなときも苦労を見せたり、力んだりしてはならない。ゆとりをもって、いつも落ち着いていなければならない。身体をどのように動かしても安定していて、常に軽やかでいなければならない。

優雅な姿勢と動作の規則

このようなバレエの優雅さを、姿勢（ポーズ）と動作（ムーヴメント）に分けて、もう少し考えてみよう。

まず優雅な姿勢の条件は、安定と調和である。ダンス・デコールでは、どんな瞬間にも均整がとれていること、釣り合いのよいポーズを保つことが求められる。この均整美は、古代ギリシア時代以来、西洋の絵画、彫刻、建築の美に通底する美の公理である。

しかし、均整美は必要条件にすぎない。筆者は優雅な姿勢の十分条件は、「動きの頂点で最大限の〈広がり〉を感じさせること」だと考えている。均整美を前提として、手足を使ってより大きな広がりを作ること、全身でより広い空間を包み込む（ように見せる）ことが肝心なのだ。そして、この〈広がり〉を実現するために必要な足のポジションがターンアウトなのである。

次に優雅な動作の条件は、動きの頂点だけでなく、「動きで常に最大限の〈広がり〉を感じさせること」である。姿勢と同じく〈広がり〉がキーワードだ。手足を使ってより大きな広がりを作ること、全身でより広い空間を支配するように見せることにバレエの美の秘密がある。

ダンス・デコールは「生身のからだで三次元空間を可能な限り広く、大きく支配する技術」の体系だと言ってもよい。その基本は、「滑らかな移動」、「あらゆる方向への移動」、および「あらゆる方向へ移動できるような構え」である。

バレエでは、身体のかたちの変化と移動は、反動を使わず、滑らかに行うのが原則である。滑らかさは、動きの安定でもたらされる。安定しているということは、中心軸がぶれず、バランスがよく、ぐらぐら、ふらふらしないということだ。滑らかな移動によって、〈広がり〉の感覚、空間をコントロールしている感覚が生み出され、それが優雅さを醸し出す。また、バレエでは、身体のかたちの変化と移動は全方位へ向かって行う。そのために、常にあらゆる方向への変化と移動に備えてからだの構えを作っておくのが原則である。それを実現しているのがターンアウトという脚のポジションである。

あらゆる方向への変化・移動は、実際に変化・移動して見せるだけでなく、変化・移動の潜在的可能性を維持することも重要である。つまり未来への「構え」である。どの方向へでも、いつでも動けると見せることが、動きの〈広がり〉を予知、予感させることになる。

バレエの美の複雑さ

バレエの美について、その姿勢・動作に焦点を絞って簡潔に説明したが、実のところバレエの美の全体像はたいへん複雑だ。図終－1のような美の階層構造を考えてみよう。

人間の美意識は、時代と場所に依存する①「文化の美」によりどころがある。同じ時代でも地域によって美意識は異なるし、同じ場所でも時代が変われば美意識は変化する。

同じ時代と場所であっても、さまざまなジャンルのダンスには、それぞれ異なる②「様式の美」がある。上述のバレエの美についての説明は、ダンス・デコールがもたらした様式美のうち、ダンサーの姿勢と動作の部分に限定した話であった。

作品ごとに示される③「作品の美」は、姿勢と動作に還元できない。なぜなら、現実の作品は、音楽、美術、衣装、照明など、さまざまな要素の組み合わせによって成り立っているからである。また姿勢と動作に限っても、作品の美は、ダンス・デコールとは異なる美からも構成されている。例えば、様式美をずらしたりゆるめたりするところに生じる美や、様式美を否定または反転することで出現する美も重要だ。例えばバレエ・リュスの振付家たちの試みを思い出してほしい（第8章）。作品の美は、たいへん幅が広く、奥が深い。舞台を見ていて、その最も面白いところ、最も迫力のあるところが、様式美とは別の場所にあることは珍しくない。

さらに作品が上演されるごとに示される④「個性の美」は、誰が誰と演じるか、どのダンサーがどのバレエ団で踊るかによって変化する。そして同じダンサーが同じ作品を同じバレエ団で踊っても、⑤「現前の美」は、その日その時一回限りのもの、一期一会のものである。

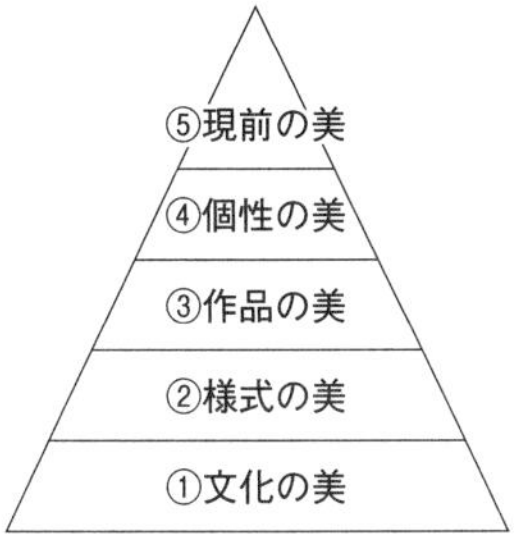

図終－１　バレエの美の階層

このようにバレエの美は奥深く、ダンサーの演技を目の前で見ないかぎり味わうことはできない。まだバレエを見たことのない方は、六百年の歴史に培われた美を味わうために、是非劇場へ足を運び、生の舞台を（できれば何度でも繰り返し）鑑賞していただきたい。

あとがき

本書の執筆開始は、新型コロナウイルス感染症のパンデミックが始まる前であった。二〇二〇年春からは世界規模で行動制限と社会経済活動の自粛が始まり、舞台芸術（ライブ・パフォーミング・アート）は甚大な被害を被った。感染症予防のため、多くの国々で劇場閉鎖が実施され、バレエを含む劇場舞踊は厳しい対応を迫られた。そのような中、筆者にとってショックだったのは、世間に「舞台芸術は不要不急」という空気が流れたことである。

確かに舞台芸術に関わる人数は、作り手と受け手をすべて合わせても人口の一部であり、万人が関わるものではないだろう。しかし、その作り手と受け手にとっては、舞台芸術は生活と人生にとって必要、必須の存在である。特に私は舞台芸術の受け手として、劇場での舞台鑑賞は不要不急ではなく、自分と向き合い、他者に思いを馳せ、社会へ目を向ける大事な瞬間であり、自分を向上させ、他者を深く理解し、社会をより良くするきっかけになるのだと声を大きくして言いたい。

それだけでなく、舞台芸術は人類の文化の一部であり、今ある社会を構築している要素の一つとして、関わろうが関わるまいが万人の生活と人生に何かしらの影響を与えている。自分に関わりがないと思っても、家族・知人・友人に劇場で舞台を楽しんでいる人が一人もいないという人は、今の日本にはいないのではないだろうか。

さて、私は舞踊評論家として、毎年百数十本の舞台を三〇年以上見続けている。コンテンポラリーダンスもたくさん見るし、フラメンコもヒップホップも日本舞踊も、ダンスであれば何でも見ている（コンテンポラリーダンスは現在の研究対象にもしている）。しかし、大学教員の仕事のために時間は制限され、他のダンスよりもバレエを優先させることが多い。結局、年間百数十本のうちの五、六割はバレエを見ている。

バレエの魅力は、生身のダンサーがいま・ここで、言葉を用いず、肉体のみで表現をしていることに根差していることは間違いない。非言語・身体コミュニケーションにおける共時性（いま）と現前性（ここ）の威力と言ってもよい。しかし、それだけであれば、他のダンスや無言劇も同様であろう。他のダンスにはないバレエの不思議な力に惹かれ、その源泉に触れるために、バレエの歴史を自分なりにまとめたいと思い続けてきた。

国内外でバレエ鑑賞の入門的な書籍は数多く出版されており、それらの多くはバレエ史にもページを割いている。バレエ通史の一般向け書籍もあるし、時代・地域を限定したバレエ史の書籍がいくつも存在している。本書は屋上屋を架すことになったかもしれないが、各章の冒頭で同時代の世界状況を展望し、六百年にわたるバレエの歴史を世界史の流れに沿って一気に描くスタイルは、ささやかながら新しい試みになったかと思う。

本書刊行にあたってお世話になった方々へ感謝を述べたい。

法政大学名誉教授の鈴木晶氏には、舞踊史の研究プロジェクトに加えていただき、多くのことを学ばせていただいた。その上、本書のゲラを丁寧に読んでいただけたのは幸甚であった。貴重なコメントを多数いただき、お蔭でいくつもの誤りを修正することができた。無論本書の記述に誤りが残っていれば、その責任はすべて筆者にある。

中央公論新社編集部の小野一雄氏と吉田亮子氏には、執筆途中から校了まで、プロフェッショナルな編集者ならではのアドバイスを多数いただいた。また校閲を担当下さった方にも、事実関係と用字統一の丁寧なチェックにお礼を申し上げたい。

そして生活と人生を共にし、バレエ鑑賞を一緒に楽しむ友である妻に本書を捧げる。

二〇二三年一月

海野　敏

ダンスマガジン編集部編（1999）『ダンス・ハンドブック』改訂新版，新書館．

芳賀直子（2009）『バレエ・リュス：その魅力のすべて』国書刊行会．

芳賀直子（2014）『ビジュアル版バレエ・ヒストリー：バレエ誕生からバレエ・リュスまで』世界文化社．

平林正司（2000）『十九世紀フランス・バレエの台本：パリ・オペラ座』慶應義塾大学出版会．

平野恵美子（2020）『帝室劇場とバレエ・リュス：マリウス・プティパからミハイル・フォーキンへ』未知谷．

片岡康子編著（1999）『20世紀舞踊の作家と作品世界』遊戯社．

川路明編著（1991）『バレエ用語辞典』新版，東京堂．

三浦雅士（1994）『身体の零度』講談社．

三浦雅士（2000）『バレエ入門』新書館．

村山久美子（2001）『知られざるロシア・バレエ史』東洋書店．

村山久美子（2022）『バレエ王国ロシアへの道』東洋書店新社．

乗越たかお（2016）『ダンス・バイブル：コンテンポラリー・ダンス誕生の秘密を探る』増補新版，河出書房新社．

小倉重夫（1979）『名作バレエの楽しみ』音楽之友社．

小倉重夫編（1997）『バレエ音楽百科』音楽之友社．

岡田暁生（2005）『西洋音楽史：「クラシック」の黄昏』中央公論新社．

佐々木涼子（2008）『バレエの歴史：フランス・バレエ史—宮廷バレエから20世紀まで』学研プラス．

セゾン美術館・一條彰子編（1998）『ディアギレフのバレエ・リュス展：舞台美術の革命とパリの前衛芸術家たち：1909-1929』セゾン美術館．

鈴木晶（1994）『踊る世紀』新書館．

鈴木晶（1998）『ニジンスキー　神の道化』新書館．

鈴木晶（2002）『バレエ誕生』新書館．

鈴木晶（2008）『バレリーナの肖像』新書館．

鈴木晶編著（2012）『バレエとダンスの歴史：欧米劇場舞踊史』平凡社
鈴木晶（2013）『オペラ座の迷宮：パリ・オペラ座バレエの350年』新書館．

薄井憲二（1993）『バレエ千一夜』新書館．

薄井憲二（1999）『バレエ：誕生から現代までの歴史』音楽之友社．

渡辺真由美（2014）『世界のバレエ学校：誕生から300年の歴史』新国立劇場運営財団情報センター．

渡辺真由美（2014）『チャイコフスキー三大バレエ：初演から現在に至る上演の変遷』新国立劇場運営財団情報センター．

参考文献

Durante, Viviana（consultant）（2018）*Ballet: the definitive illustrated story*, DK Publishing.［森菜穂美日本語版監修（2019）『バレエ大図鑑』河出書房新社 .］

Guest, Ivor（2006）*The Romantic ballet in Paris*, Dance Books.

Guest, Ivor（2008）*The Paris Opéra Ballet*, Dance Books.［鈴木晶訳（2014）『パリ・オペラ座バレエ』平凡社 .］

Homans, Jennifer（2010）*Apollo's angels: a history of ballet*, Random House.

Koegler, Horst（1987）*The concise Oxford dictionary of ballet*, 2nd ed., Oxford University Press.

Le Moal, Philippe ed.（2008）*Dictionnaire de la danse*, Larousse.

Morrison, Simon（2016）*Bolshoi confidential: secrets of the Russian ballet from the rule of the tsars to today*, Liveright Publishing.［赤尾雄人監訳（2021）『ボリショイ秘史：帝政期から現代までのロシア・バレエ』白水社 .］

Noverre, Jean Georges（1760）*Lettres sur la danse, et sur les ballets*, Aimé Delaroche.［森立子訳（2022）『ノヴェール「舞踊とバレエについての手紙」（1760年）：全訳と解説』道和書院 .／小倉重夫訳（1974）『舞踊とバレエについての手紙：原典』冨山房 .（1760年シュツットガルト版の全訳と1804年サンクト・ペテルブルク版の部分訳）］

Ryman, Rhonda & Royal Academy of Dancing（2007）*Dictionary of classical ballet terminology*, 3rd ed., Royal Academy of Dance.

Simon & Schuster eds.（1980）*The Simon and Schuster book of the ballet*, Simon & Schuster.

Stuart, Muriel, Kirstein, Lincoln, & Dyer, Carlus（1998）*The classic ballet: basic technique and terminology*, University Press of Florida.［松本亮 , 森乾訳（1967）『クラシック・バレエ：基礎用語と技法』音楽之友社 .（1952年初版の翻訳）］

Taper, Bernard（1996）*Balanchine: a biography*, 2nd pbk. ed., University of California Press.［長野由紀訳（1993）『バランシン伝』新書館 .（1984年初版の翻訳）］

Wulff, Helena（1998）*Ballet across borders: career and culture in the world of dancers*, Berg.

赤尾雄人（2010）『これがロシア・バレエだ！』新書館 .

薗原英了（1981）『バレエの歴史と技法』東出版 .

ダンスマガジン編集部編（1998）『バレエ101物語』新装版 , 新書館 .

参考文献

本書の執筆で参照した資料のうち、バレエ・バレエ史に関するおもな文献および本文中で引用した歴史関係の文献を、洋書と和書に分け、著編者名のアルファベット順（同一著者は刊行年順）に配列したものである。洋書に和訳書がある場合は角括弧（ブラケット）で示した。

Anderson, Jack（2018）*Ballet & modern dance: a concise history*, 3rd ed., Princeton Book.［湯河京子訳（1993）『バレエとモダン・ダンス：その歴史』音楽之友社.（1986年初版の翻訳）］

Au Susan（2012）*Ballet and modern dance*, 3rd ed., Thames & Hudson.

Beaumont, Cyril W.（1956）*Complete book of ballets: a guide to the principal ballets of the nineteenth and twentieth centuries*, Putnam.

Belova, Evdokia & Bocharnikova, E.（2020）*The great history of Russian ballet: its art and choreography*, Parkstone International.

Bourgat, Marcelle-Claire（1993）*Technique de la danse*, 9e éd., Presses universitaires de France.［一川周史訳（1989）『バレエ入門』白水社.（1986年第8版の翻訳）］

Bremser, Martha & Nicholas, Larraine eds.（1993）*International dictionary of ballet*, St. James Press.（2 volumes.）

Bull, Deborah & Jennings, Luke（2014）*The Faber pocket guide to ballet*, new ed., Faber & Faber.

Burckhardt, Jacob Christoph（1860）*Die Kultur der Renaissance in Italien: ein Versuch*, Schweighauser.［柴田治三郎訳（2002）『イタリア・ルネサンスの文化』中央公論新社.（2巻）］

Christout, Marie Françoise（1975）*Histoire du ballet*, 2e éd., Presses universitaires de France.［佐藤俊子訳（1970）『バレエの歴史』白水社.（1966年初版の翻訳）］

Clarke, Mary & Vaughan, David eds.（1977）*The encyclopedia of dance & ballet*, Pitman.

Cohen, Selma Jeanne, et al. eds.（2004）*International encyclopedia of dance: a project of Dance Perspectives Foundation, Inc*. Oxford University Press.（6 volumes.）

Craine, Debra & Mackrell, Judith（2010）*The Oxford dictionary of dance*, 2nd ed., Oxford University Press.［鈴木晶監訳（2010）『オックスフォード バレエ ダンス事典』平凡社.（2000年初版の翻訳）］

1983	［仏］ヌレエフがパリ・オペラ座バレエ団芸術監督に就任
1984	［独］《ステップテクスト》初演、振付：ウィリアム・フォーサイス
1988	［仏］《イン・ザ・ミドル・サムホワット・エレヴェイテッド》初演、振付：フォーサイス
1989	［東欧］社会主義諸国で一斉に民主化運動が起こる
	［独］ベルリンの壁の開放
	［英仏］シルヴィ・ギエム、パリ・オペラ座バレエ団から英国ロイヤル・バレエ団へ移籍
1991	［露］ソ連解体、独立国家共同体（CIS）、ロシア連邦成立
1993	［欧］ヨーロッパ連合（EU）成立
1997	［瑞］《バレエ・フォー・ライフ》初演、振付：ベジャール
	［日］新国立劇場バレエ団創設
1999	［日］Kバレエカンパニー創設
2001	［米］9・11アメリカ同時多発テロ
2003	［露］《明るい小川》復元版初演、振付：アレクセイ・ラトマンスキー
2006	［英］《クロマ》初演、振付：ウェイン・マクレガー
2008	［世界］リーマン＝ブラザーズ破綻、リーマン・ショック起こる
2011	［日］東日本大震災、福島原発事故
	［露］ドゥアト版《眠れる森の美女》初演、振付：ナチョ・ドゥアト
	［英］《不思議の国のアリス》初演、振付：クリストファー・ウィールドン
2014	［英］《冬物語》初演、振付：ウィールドン
2015	［典］エクマン版《真夏の夜の夢》初演、振付：アレクサンデル・エクマン
	［英］《ウルフ・ワークス》初演、振付：マクレガー
2017	［仏］《プレイ》初演、振付：エクマン
2020	［世界］新型コロナウイルス（COVID-19）によるパンデミックが始まる
2022	［露宇］ウクライナ戦争が始まる

1948	［玖］アリシア・アロンソがバレエ団（キューバ国立バレエ団の起源）創設
	［仏］《カルメン》初演、振付：プティ
	［日］谷桃子バレエ団創設
	［中］**中華人民共和国成立**
1950	［韓］**朝鮮戦争が始まる（1953まで）**
1951	［日］**サンフランシスコ講和会議、サンフランシスコ平和条約・日米安全保障条約締結**
1953	［露］《白鳥の湖》改訂版初演、振付：ウラジーミル・ブルメイステル
1956	［日］橘秋子バレエ団（現牧阿佐美バレエ団）創設
1957	［露］《石の花》初演、振付：ユーリー・グリゴローヴィチ、音楽：プロコフィエフ
1959	［白］ベジャール版《春の祭典》初演、振付：モーリス・ベジャール
	［中］中国国立バレエ団創設
1960	［世界］**アフリカ諸国の独立（アフリカの年）**
	［白］ベジャール版《ボレロ》初演、振付：ベジャール
1961	［仏］ルドルフ・ヌレエフ、ソ連から亡命
1962	［豪］オーストラリア・バレエ団創設
	［韓］韓国国立バレエ団創設
1964	［日］チャイコフスキー記念東京バレエ団創設
1965	［米越］**ベトナム戦争が始まる（1975まで）**
	［英］マクミラン版《ロミオとジュリエット》初演、振付：ケネス・マクミラン
	［独］《オネーギン》初演、振付：ジョン・クランコ
	［仏］《ノートル・ダム・ド・パリ》初演、振付：プティ
1966	［中］**プロレタリア文化大革命が始まる（1977まで）**
1967	［欧］**ヨーロッパ共同体（EC）発足**
1968	［露］《スパルタクス》初演、振付：グリゴローヴィチ、音楽：ハチャトリアン
1970	［英］ナタリア・マカロワ、ソ連から亡命
1972	［仏］プティがマルセイユ・バレエ団創設
1974	［英］《マノン》初演、振付：マクミラン
	［加］ミハイル・バリシニコフ、ソ連から亡命
1975	［蘭］《浄められた夜》初演、振付：イリ・キリアン
1976	［独］《幻想「白鳥の湖」のように》初演、振付：ジョン・ノイマイヤー

1928 ［仏］《ボレロ》初演、振付：ニジンスカ、音楽：ラヴェル、主演：イダ・ルビンシュテイン
1929 ［仏］《放蕩息子》初演、振付：ジョージ・バランシン、音楽：プロコフィエフ、美術：ルオー、主演：セルジュ・リファール
［伊］ディアギレフ死去、バレエ・リュス解散
［世界］**世界大恐慌が始まる**
1930 ［仏］リファールがパリ・オペラ座バレエ団バレエマスターに就任
［英］カマルゴ協会創設
［露］《黄金時代》初演、振付：ワシリー・ワイノーネン
1931 ［英］ヴィック＝ウェルズ・バレエ団（英国ロイヤル・バレエ団の起源）創設
1932 ［露］《パリの炎》初演、振付：ワシリー・ワイノーネン
1933 ［米］サンフランシスコ・バレエ団創設
1934 ［米］バランシン渡米
1935 ［米］アメリカン・バレエ団（ニューヨーク・シティ・バレエ団の起源）創設、《セレナーデ》初演、振付：バランシン
［露］《明るい小川》初演、振付：フョードル・ロプホーフ、音楽：ショスタコーヴィチ
1936 ［英］《リラの園》初演、振付：アントニー・チューダー
ケインズ『雇用・利子および貨幣の一般的理論』公刊
1937 ［英］《チェックメイト》初演、振付：ニネット・ド・ヴァロワ
1939 ［世界］**第二次世界大戦が始まる（1945まで）**
1940 ［露］《ロミオとジュリエット》改訂版初演、振付：レオニード・ラヴロフスキー、音楽：プロコフィエフ
1941 ［日米］**太平洋戦争が始まる**
1943 ［米］バレエ・シアター（アメリカン・バレエ・シアターの起源）創設
［仏］《白の組曲》初演、振付：リファール
1946 ［仏］《若者と死》初演、振付：ローラン・プティ
［日］東京バレエ団創設、《白鳥の湖》上演（1950解散）
1947 ［米］《シンフォニー・イン・C（水晶宮）》
1948 ［英］《シンデレラ》初演、振付：フレデリック・アシュトン
［日］松山バレエ団創設

	［伊］イタリア王国がローマ教皇領を併合してイタリア統一完成
1871	［独］ドイツ帝国成立
1877	［露］《ラ・バヤデール》初演、振付：プティパ 《白鳥の湖》初演（モスクワ）、振付：ライジンゲル、音楽：チャイコフスキー
1881	［伊］《エクセルシオール》初演、振付：ルイジ・マンゾッティ
1890	［露］《眠れる森の美女》初演、振付：プティパ、音楽：チャイコフスキー
1892	［露］《くるみ割り人形》初演、振付：プティパ、レフ・イワーノフ、音楽：チャイコフスキー、原作：ホフマン
1894	［日中］日清戦争が始まる（1895まで）
1895	［露］《白鳥の湖》改訂版初演、振付：プティパ、イワーノフ
1898	［露］《ライモンダ》初演、振付：プティパ
1904	［日露］日露戦争が始まる（1905まで）
1907	［露］《瀕死の白鳥》初演、振付：ミハイル・フォーキン、アンナ・パヴロワのソロ作品
1909	［仏］バレエ・リュス旗揚げ公演、セルゲイ・ディアギレフ主宰
1910	［仏］《火の鳥》初演、振付：フォーキン、音楽：ストラヴィンスキー
1911	［仏］《薔薇の精》《ペトルーシュカ》初演、振付：フォーキン、主演：ワスラフ・ニジンスキー
1912	［仏］《牧神の午後》初演、振付・主演：ニジンスキー
1913	［仏］《春の祭典》初演、振付：ニジンスキー、音楽：ストラヴィンスキー
1914	［世界］第一次世界大戦が始まる（1918まで）
1917	［露］二月革命、十一月革命、ソヴィエト政権成立 ［仏］《パラード》初演、振付：レオニード・マシーン、音楽：サティ、美術：ピカソ、台本：コクトー
1922	［日］パブロワ来日公演
1923	［仏］《結婚》初演、振付：ブロニスラヴァ・ニジンスカ、音楽：ストラヴィンスキー
1924	［仏］《青列車》初演、振付：ニジンスカ、衣装：シャネル、台本：コクトー

1814	［欧］ウィーン会議が始まる（1815ウィーン議定書調印）
1828	［英］カルロ・ブラジス『テルプシコーレの法典』公刊
1830	［仏］七月革命
1831	［仏］《悪魔のロベール》初演、振付：フィリッポ・タリオーニ、音楽：マイヤーベーヤ、マリー・タリオーニ出演
1832	［仏］《ラ・シルフィード》初演、振付：フィリッポ・タリオーニ、主演：マリー・タリオーニ、ジョゼフ・マジリエ
1835	［丁］《ヴァルデマール》初演、振付：オーギュスト・ブルノンヴィル、主演：ルシル・グラーン、原作：インゲマン
1837	［英］ヴィクトリア即位（1901まで）
1841	［仏］《ジゼル》初演、振付：ジャン・コラーリ、ジュール・ジョゼフ・ペロー、主演：カルロッタ・グリジ、台本：ゴーチエ他
1842	［丁］《ナポリ》初演、振付：ブルノンヴィル
1844	［英］《エスメラルダ》初演、振付：ペロー、主演：グリジ、原作：ユゴー
1845	［英］《パ・ド・カトル》初演、振付：ペロー、出演：マリー・タリオーニ、ファニー・チェリート、グリジ、グラーン
1846	［仏］《パキータ》初演、振付：マジリエ、主演：グリジ
1848	［仏］二月革命、第二共和政成立
	［墺］ウィーン三月革命
	［普］ベルリン三月革命
1852	［仏］ナポレオン３世即位、第二帝政が始まる
1856	［仏］《海賊》初演、振付：マジリエ
1862	［露］《ファラオの娘》初演、振付：マリウス・プティパ
1867	［宇］ウクライナ国立キーウ・バレエ団創設
1868	［日］王政復古の宣言、戊辰戦争が始まる、明治改元
1869	［露］プティパがペテルブルク帝室バレエ団バレエマスターに就任（1903まで）
	《ドン・キホーテ》初演（モスクワ）、振付：プティパ
1870	［仏］《コッペリア》初演、振付：アルチュール・サン＝レオン
	［普仏］普仏戦争、仏敗北、第三共和政成立

1752	［仏］《村の占い師》初演、音楽：ジャン＝ジャック・ルソー
1754	［仏］カユザック『古代舞踊と現代舞踊、あるいは舞踊に関する歴史的考察』公刊
1756	［欧］**墺と仏の同盟成立（外交革命、マリア・テレジアとルイ15世）、七年戦争が始まる（1763終結、普・英の勝利、墺・仏の敗北）**
1760	［仏独］ジャン＝ジョルジュ・ノヴェール『舞踊とバレエについての手紙』公刊
1761	［墺］《ドン・ファンまたは石像の宴》初演、振付・主演：ガスペロ・アンジョリーニ、音楽：グルック
1765	［墺］《愛の勝利》上演、振付：フランツ・ヒルファーディング、ヨーゼフ２世と墺王女（後のマリー・アントワネット）出演
1770	［仏］**マリー・アントワネット、仏王子（後のルイ16世）と結婚。**ノヴェールがパリ・オペラ座バレエマスターに就任（1781まで）
1771	［丁］王立歌劇場にバレエ団（現デンマーク・ロイヤル・バレエ団）創設
1773	［典］王立歌劇場にバレエ団（現スウェーデン・ロイヤル・バレエ団）創設
1776	［米］**アメリカ合衆国の独立宣言**
1778	［仏］《レ・プティ・リアン》改訂上演、振付：ノヴェール、音楽：モーツァルト
	［伊］ミラノ・スカラ座バレエ団創設
1787	［仏］ピエール・ガルデルがパリ・オペラ座バレエマスターに就任（1827まで）
1789	［仏］《ラ・フィーユ・マル・ガルデ》初演（ボルドー）、振付：ジャン・ドーベルヴァル
	バスティーユ牢獄襲撃、フランス革命が始まる
1790	［仏］《カリプソの島のテレマック》《プシケ》初演、振付：ガルデル
1796	［英］《フロールとゼフィール》初演、振付：シャルル＝ルイ・ディドロ
1799	［仏］**ナポレオン、ブリュメール18日のクーデター、フランス革命終結**
1800	［仏］《ダンス狂》初演、振付：ガルデル
1804	［仏］**ナポレオン１世即位、第一帝政開始**

1649	［典］《平和の誕生》上演、台本：デカルト
1651	［仏］《カッサンドラのバレエ》上演、ルイ14世初舞台
1653	［仏］《夜のバレエ》上演、ルイ14世、ピエール・ボーシャン、リュリ出演
1661	［仏］ルイ14世親政が始まる。王立舞踊アカデミー創設 《はた迷惑な人たち》上演、振付：ボーシャン、音楽：リュリ、台本：モリエール
1671	［仏］王立音楽アカデミー（パリ・オペラ座バレエ団の起源）創設
1681	［仏］《愛の勝利》上演、振付：ボーシャン、音楽：リュリ、ラフォンテーヌ嬢出演
1697	［仏］《優雅なヨーロッパ》初演、振付：ギヨーム＝ルイ・ペクール、音楽：カンプラ
1700	［仏］ラウール＝オージェ・フイエ『コレオグラフィあるいは人物・図形・指示記号による舞踊記述法』公刊
1702	［英］《酒場の詐欺師たち》初演、振付：ジョン・ウィーヴァー
1710	［仏］《ヴェネツィアの祭り》初演、振付：ペクール、音楽：カンプラ
1713	［仏］『オペラ座に関する政府規則』制定
1715	［仏］《舞踊の登場人物たち》初演、フランソワーズ・プレヴォーのソロ作品
1717	［英］《マルスとヴィーナスの恋》初演、振付：ウィーヴァー
1722	［仏］ジャン＝フィリップ・ラモー『自然原理に還元された和声論』公刊
1734	［英］《ピグマリオン》ロンドン上演、マリー・サレの自作自演 ［仏］ヴォルテール『哲学書簡』公刊
1735	［仏］《優雅なインドの国々》初演、振付：ミシェル・ブロンディ、音楽：ラモー
1738	［露］皇帝アンナ・イヴァーノヴナがバレエ学校（マリインスキー・バレエ団の起源）創設
1748	［仏］モンテスキュー『法の精神』公刊
1750	［仏］カサノヴァが《ヴェネツィアの祭り》を鑑賞、ルイ・デュプレ出演
1751	［仏］『百科全書』出版が始まる

バレエの世界史　関連年表

本文中に記述したバレエに関するおもな出来事に加えて、歴史上の重要事件を示した。同年の出来事が複数ある場合、必ずしも月日順ではない。バレエ振付家とバレエダンサーの名前は、初出で名と姓を記し、以後は同一姓がなければ姓のみ記した。

年	出来事
ca.1450	［独］グーテンベルクによる活版印刷術の発明
ca.1450	［伊］ドメニコ・ダ・ピアチェンツァ『舞踊技術と舞踊の演出について』公刊
1463	［伊］グリエルモ・エブレオ・ダ・ペーザロ『舞踊芸術実践論』公刊
1490	［伊］《楽園》初演、美術：レオナルド・ダ・ヴィンチ
1494	［仏伊］シャルル８世のナポリ遠征、第一次イタリア戦争が始まる
1517	［独］ルター『九十五箇条の論題』発表、宗教改革が始まる
1533	［仏］カトリーヌ・ド・メディシス、仏王子（後のアンリ２世）と結婚
1562	［仏］ユグノー戦争が始まる
1572	［仏］《楽園の守りまたは愛の楽園》、ナヴァール王アンリ（後のアンリ４世）と仏王女マルグリットの婚儀で上演。２日後、サンバルテルミの虐殺が始まる
1573	［仏］《ポーランドのバレエ》上演
1581	［仏］《王妃のバレエ・コミック》上演
1598	［仏］ナントの王令、ユグノー戦争終結
1603	［日］徳川家康が征夷大将軍に就任、江戸幕府を開く
1610	［仏］《ヴァンドーム公のバレエ》上演、仏王子（後のルイ13世）初舞台
1615	［仏］《マダムのバレエ》上演
1617	［仏］《ルノー救出のバレエ》上演
1618	［欧］三十年戦争が始まる
1637	［仏］デカルト『方法序説』公刊
1642	［英］ピューリタン革命が始まる（1649終結、チャールズ１世処刑）
1648	［欧］ウエストファリア条約、三十年戦争終結

海野 敏（うみの・びん）

1961年，東京都生まれ．東京大学教育学部卒業，同大学大学院教育学研究科博士課程満期退学．東京大学教育学部助手，東洋大学社会学部助教授を経て，2004年より東洋大学社会学部教授．専門は情報学・図書館情報学．1992年より舞踊評論家として，批評記事，解説記事を新聞・雑誌等に執筆．

著書『新版バレエって、何？』（共著，新書館，1999）
『鑑賞者のためのバレエ・ガイド』（共著，音楽之友社，2003）
『バレエとダンスの歴史』（共著，平凡社，2012）
『バレエ・ヴァリエーション Perfect ブック』（新書館，2022）
ほか多数

バレエの世界史《せかいし》
中公新書 *2745*

2023年3月25日発行

著　者　海野　敏
発行者　安部順一

本文印刷　三晃印刷
カバー印刷　大熊整美堂
製　　本　小泉製本

発行所　中央公論新社
〒100-8152
東京都千代田区大手町1-7-1
電話　販売 03-5299-1730
　　　編集 03-5299-1830
URL https://www.chuko.co.jp/

Published by CHUOKORON-SHINSHA, INC.
Printed in Japan　ISBN978-4-12-102745-0 C1273

芸術

k1